BILBIOTHEK DER WELTLITERATUR

William Shakespeare

König Lear

Eine Tragödie

Übersetzung von
Wolf Heinrich von Baudissin

aionas

Der Text wurde behutsam überarbeitet und folgt den Regeln der neuen deutschen Rechtschreibung. Abweichungen zum englischen Text in der Bezeichnung von Figuren und in den Regieanweisungen und deren Stellung im Text wurden in der vorliegenden Ausgabe dem Original angeglichen.

Englischer Originaltitel:
THE TRAGEDY OF KING LEAR

erschienen im aionas Verlag, Marstallstr.1, Weimar
Coverbild © salman2 – Fotolia.com
1. Auflage, 2016
ISBN: 978-3-946571-30-8

William Shakespeare

Die Tragödie von

König Lear

Inhalt

DRITTER AUFZUG

VIERTER AUFZUG

FÜNFTER AUFZUG

Personen

LEAR, *König von Britannien*

KÖNIG VON FRANKREICH
HERZOG VON BURGUND
HERZOG VON CORNWALL
HERZOG VON ALBANIEN
GRAF VON KENT
GRAF VON GLOSTER

EDGAR, *Glosters Sohn*
EDMUND, *Glosters Bastard*
CURAN, *ein Höfling*
OSWALD, *Gonerils Haushofmeister*
ALTER MANN, *Glosters Pächter*

ARZT
NARR *des Lear*
Ein HAUPTMANN *beschäftigt von Edmund*
Ein EDELMANN *im Gefolge der Cordelia*
Ein HEROLD
Bediente von Cornwall

GONERIL
REGAN
CORDELIA, *Lears Töchter*

Ritter im Gefolge Lears, Edelleute, Offiziere, Boten, Soldaten und Gefolge

Szene: Britannien

Erster Aufzug
Erste Szene

Kent, Gloster und Edmund.

KENT. Ich dachte, der König sei dem Herzog von Albanien gewogener, als dem von Cornwall.

GLOSTER. So schien es uns immer; doch jetzt, bei der Teilung des Reichs, zeigt sich's nicht, welchen der beiden Herzoge er höher schätzt. Denn so gleichmäßig sind die Teile abgewogen, dass die genaueste Forschung selbst sich für keine der Hälften entscheiden könnte.

KENT. Ist das nicht Euer Sohn, Mylord?

GLOSTER. Seine Erziehung ist mir zur Last gefallen: Ich musste so oft erröten, ihn anzuerkennen, dass ich nun dagegen gestählt bin.

KENT. Ich verstehe Euch nicht.

GLOSTER. Seine Mutter und ich verstanden uns nur zu gut, und dies Einverständnis verschaffte ihr früher einen Sohn für ihre Wiege, als einen Mann für ihr Bett. Merkt Ihr was von einem Fehltritt?

KENT. Ich kann den Fehltritt nicht ungeschehen wünschen, da der Erfolg davon so anmutig ist.

GLOSTER. Doch habe ich auch einen rechtmäßigen Sohn, einige Jahre älter als dieser, den ich aber darum nicht höher schätze. Obgleich dieser Schelm etwas vorwitzig in die Welt kam, eh' er gerufen ward, so war doch seine Mutter schön, es ging lustig her bei seinem Entstehen, und der Bankert durfte nicht verleugnet werden. Kennst du diesen edlen Herrn, Edmund?

EDMUND. Nein, Mylord.

GLOSTER. Mylord von Kent: gedenke sein hinfort als meines geehrten Freundes!

EDMUND. Mein Dienst sei Euer Gnaden gewidmet.

KENT. Ich muss Euch lieben und bitte um Eure nähere Bekanntschaft.

EDMUND. Ich werde sie zu verdienen suchen.

GLOSTER. Er war neun Jahre im Ausland und soll wieder fort. Der König kommt!

Man hört Trompeten. König Lear, Cornwall, Albanien, Goneril, Regan, Cordelia und Gefolge treten auf.

LEAR. Führt ein die Herren von Frankreich und Burgund, Gloster!

GLOSTER. Sehr wohl, mein König!

Gloster und Edmund ab.

LEAR. Derweil enthüll'n wir den verschwiegnen Vorsatz.
　　Die Karte dort! – Wisst, dass wir unser Reich
　　Geteilt in drei. 's ist unser fester Schluss,
　　Von unserm Alter Sorg' und Müh' zu schütteln,
　　Sie jüngerer Kraft vertrauend, während wir
　　Zum Grab entbürdet wanken. Sohn von Cornwall,
　　Und Ihr, gleich sehr geliebter Sohn Albanien,
　　Wir sind jetzt und gewillt, bekannt zu machen
　　Der Töchter festbeschiedne Mitgift, dass
　　Wir künft'gem Streite so begegnen. –
　　Die Fürsten Frankreich und Burgund, erhabne
　　Mitwerber um der jüngern Tochter Gunst,
　　Verweilten lange hier in Liebeswerbung
　　Und harr'n auf Antwort. – Sagt mir, meine Töchter
　　(Da wir uns jetzt entäußern der Regierung,
　　Des Landbesitzes und der Staatsgeschäfte),
　　Welche von euch liebt uns nun wohl am meisten?
　　Dass wir die reichste Gabe spenden, wo
　　Verdienst sie und Natur heischt. Goneril,
　　Du Erstgeborne, sprich zuerst!
GONERIL. Mein Vater,
　　Mehr lieb' ich Euch, als Worte je umfassen,
　　Weit inniger als Licht und Luft und Freiheit,
　　Weit mehr, als was für reich und selten gilt,
　　Wie Schmuck des Lebens, Wohlsein, Schönheit, Ehre,
　　Wie je ein Kind geliebt, ein Vater Liebe fand.
　　Der Atem dünkt mich arm, die Sprache stumm,
　　Weit mehr als alles das lieb' ich Euch noch.
CORDELIA *beiseite*. Was sagt Cordelia nun? Sie liebt und schweigt.
LEAR. All dies Gebiet, von dem zu jenem Strich,
　　An schatt'gen Forsten und Gefilden reich,
　　An vollen Strömen und weit grünen Triften,
　　Beherrsche du: dir und Albaniens Stamm
　　Sei dies auf ewig! Was sagt unsre zweite Tochter,
　　Die teure Regan, Cornwalls Gattin? Sprich!
REGAN. Ich bin vom selben Stoff wie meine Schwester
　　Und schätze mich ihr gleich. Mein treues Herz
　　Fühlt, all mein Lieben hat sie Euch genannt;
　　Nur bleibt sie noch zurück: Denn ich erkläre
　　Mich als die Feindin jeder andern Lust,
　　Die in der Sinne reichstem Umkreis wohnt,

7

Und fühl' in Eurer teuren Hoheit Liebe
Mein einzig Glück.
CORDELIA *beiseite.* Arme Cordelia dann! –
Und doch nicht arm; denn meine Lieb', ich weiß,
Wiegt schwerer als mein Wort.
LEAR. Dir und den Deinen bleib' als Erb' auf immer
Dies zweite Dritteil unsers schönen Reichs,
An Umfang, Wert und Anmut minder nicht,
Als was ich Gon'ril gab. Nun unsre Freude,
Du jüngste, nicht geringste, deren Liebe
Die Weine Frankreichs und die Milch Burgunds
Nachstreben; was sagst du, dir zu gewinnen
Ein reichres Dritteil als die Schwestern? Sprich!
CORDELIA. Nichts, gnäd'ger Herr!
LEAR. Nichts?
CORDELIA. Nichts.
LEAR. Aus nichts kann nichts entstehn: sprich noch einmal!
CORDELIA. Ich Unglücksel'ge, ich kann nicht mein Herz
Auf meine Lippen heben; ich lieb' Eu'r Hoheit,
Wie's meine Pflicht geziemt, nicht mehr, nicht minder.
LEAR. Wie? Wie? Cordelia! Bessre deine Rede,
Sonst schad'st du deinem Glück!
CORDELIA. Mein teurer Herr,
Ihr zeugtet, pflegtet, liebtet mich; und ich
Erwidr' Euch diese Wohltat, wie ich muss,
Gehorch' Euch, lieb' Euch und verehr' Euch hoch.
Wozu den Schwestern Männer, wenn sie sagen,
Sie lieben Euch nur? Würd' ich je vermählt,
So folgt dem Mann, der meinen Schwur empfing,
Halb meine Treu', halb meine Lieb' und Pflicht.
Gewiss, nie werd' ich frein wie meine Schwestern,
Den Vater nur allein zu lieben.
LEAR. Und kommt dir das von Herzen?
CORDELIA. Ja, mein Vater!
LEAR. So jung und so unzärtlich?
CORDELIA. So jung, mein Vater, und so wahr.
LEAR. Sei's drum! Nimm deine Wahrheit dann zur Mitgift:
Denn bei der Sonne heil'gem Strahlenkreis,
Bei Hekates Verderben, und der Nacht,
Bei allen Kräften der Planetenbahn,
Durch die wir leben und dem Tod verfallen,

Sag' ich mich los hier aller Vaterpflicht,
Aller Gemeinsamkeit und Blutsverwandtschaft,
Und wie ein Fremdling meiner Brust und mir
Sei du von jetzt auf ewig! Der rohe Scythe,
Ja, der die eignen Kinder macht zum Fraß,
Zu sätt'gen seine Gier, soll meinem Herzen
So nah stehn, gleichen Trost und Mitleid finden,
Als du, mein weiland Kind.

KENT. O edler König!

LEAR. Schweig', Kent!
Tritt zwischen den Drachen nicht und seinen Grimm;
Sie war mein Liebling, und ich hofft' auf Trost
Von ihrer sanften Pflege.

Zu Cordelia.

Fort! Mir aus den Augen! –
Sei Friede so mein Grab, als ich von ihr
Mein Vaterherz losreiße! – Ruft mir Frankreich!
Wer rührt sich? Ruft Burgund! – Ihr, Cornwall und Albanien,
Zu meiner Töchter Mitgift schlagt dies Dritteil! –
Stolz, den sie Gradheit nennt, vermähle sie!
Euch beide kleid' ich hier in meine Macht,
Vorrang der Würd' und allerhöchsten Glanz,
Der Majestät umgibt. Wir, nach der Monde Lauf,
Mit Vorbehalt allein von hundert Rittern,
Die ihr erhaltet, wohnen dann bei euch,
Nach Ordnung wechselnd. Wir bewahren nur
Den Namen und des Königs Ehrenrecht; –
Die Macht,
Verwaltung, Rent' und alle Staatsgewalt,
Geliebte Söhn', ist euer. Des zum Zeugnis
Teilt diesen goldnen Reif!

KENT. Erhabner Lear,
Den ich als meinen König stets geehrt,
Geliebt als Vater, und als Herrn begleitet,
Als höchsten Hort einschloss in mein Gebet, –

LEAR. Der Bogen ist gespannt, entflieh' dem Pfeil! –

KENT. Er falle nur, ob auch die Spitze
Ins Herz mir bohrt: Sei Kent nur ohne Sitte,
Wenn Lear verrückt! Was tust du, alter Mann?
Meinst du, dass Pflicht zu reden scheut, weil Macht
Zum Schmeicheln sinkt? – Die Ehre fordert Gradheit,

9

Wenn Kön'ge töricht werden. Bleibe Herrscher,
Und mit der besten Überlegung hemme
Die frevle Eil'! Mit meinem Leben bürg' ich,
Die jüngre Tochter liebt dich minder nicht,
Noch ist der ohne Herz, des schwacher Klang
Nicht Hohlheit widertönt.
LEAR. Schweig', Kent, bei deinem Leben!
KENT. Mein Leben galt mir stets nur als ein Pfand;
    Zu wagen gegen deinen Feind; gern opfr' ich's
    Für deine Wohlfahrt.
LEAR. Aus den Augen mir!
KENT. Sieh besser, Lear, und lass mich immer bleiben
    Den Zielpunkt deines Auges!
LEAR. Nun, beim Apoll! –
KENT. Nun, beim Apollo, König,
    Du rufst vergeblich deine Götter an.
LEAR. O Sklav'! – Abtrünn'ger!

Legt die Hand ans Schwert.

ALBANIEN UND CORNWALL. Teurer Herr, lass ab! –
KENT. Tu's, töte deinen Arzt und gib den Lohn
    Der schnöden Krankheit! Nimm zurück die Schenkung,
    Sonst, bis der Kehle Kraft versagt zu schrein,
    Sag' ich dir, du tust Unrecht.
LEAR. Höre mich,
    Rebell, bei deiner Lehnspflicht, höre mich!
    Weil du zum Wortbruch uns verleiten wolltest
    (Den wir noch nie gewagt) und stolz verwegen
    Dich drängtest zwischen unsern Spruch und Thron
    (Was unser Blut und Rang nicht dulden darf),
    Sprech' ich als Herrscher jetzt; – nimm deinen Lohn!
    Fünf Tage gönnen wir, dich zu versehn
    Mit Schirmung vor des Lebens Ungemach:
    Am sechsten kehrst du den verhassten Rücken
    Dem Königreich, und weilt am zehnten Tag
    In unserm Lande dein verbannter Leib,
    So ist's dein Tod. Hinweg! Bei Jupiter,
    Dies widerruf' ich nicht.
KENT. So leb' denn wohl, Fürst! Zeigst du so dich, Lear,
    Lebt Freiheit auswärts und Verbannung hier.

Zu Cordelia.

Dir, Jungfrau, sei'n die Götter mächt'ger Hort,
Die richtig denkt und sprach das rechte Wort!

Zu Regan und Generil.

Eu'r breites Reden sei durch Tat bewährt!
Dass Liebeswort willkommne Frucht gebärt!
Fahrt wohl, ihr Fürsten all': Kent muss von hinnen,
Im neuen Land ein Schicksal zu gewinnen. *Ab.*

Trompeten. Gloster kommt zurück mit Frankreich, Burgund und Gefolge.

GLOSTER. Hier sind Burgund und Frankreich, hoher Herr!
LEAR. Fürst von Burgund,
    Zu Euch erst sprech' ich, der mit diesem König
    Um unsre Tochter warb. Was als das Mind'ste
    Erwartet Ihr als Mitgift, oder steht
    Von Euerm Antrag ab?
BURGUND. Erhabner König,
    Mir g'nügt, was Ihr freiwillig habt geboten,
    Und minder gebt Ihr nicht.
LEAR. Mein würd'ger Herzog,
    Als sie uns wert war, schätzten wir sie so;
    Nun ist ihr Preis gesunken. Seht, da steht sie:
    Wenn etwas an der kleinen, schmucken Larve
    Oder sie ganz mit unserm Zorn dazu,
    Und weiter nichts, Eu'r Hoheit noch gefällt,
    So nehmt sie, sie ist Eu'r.
BURGUND. Mir fehlt die Antwort.
LEAR. Herr!
    Wollt Ihr mit allen Mängeln, die ihr eigen,
    Freundlos und neuverschwistert unserm Hass,
    Zur Mitgift Fluch, durch Schwur von uns entfremdet,
    Sie nehmen oder lassen?
BURGUND. Herr, verzeiht,
    Mit der Bedingung endigt jede Wahl.
LEAR. So lasst sie; bei der Macht, die mich erschuf,
    Ich nannt' Euch all' ihr Gut.

Zu Frankreich.

Ihr, großer König, –
    Nicht so weit möcht' ich Eurer Lieb' entwandern,
    Euch zu vermählen, wo ich hasse. Lenkt
    Zu besserm Ziel, ich bitt' Euch, Eure Wünsche,

Als auf dies Wesen, das Natur errötet
Anzuerkennen.

FRANKREICH. Wahrlich, dies ist seltsam! –
Dass sie, die eben noch Eu'r Kleinod war,
Der Inhalt Eures Lobs, Balsam des Alters,
Eu'r Bestes, Teuerstes, in diesem Nu
So Unerhörtes tat, ganz zu zerreißen
Solch reich gewebte Gunst! Traun, ihr Vergehn
Muss unnatürlich, ungeheuer sein,
Oder die Liebe, deren Ihr Euch rühmtet,
Ist tadelnswert. So schlimm von ihr zu denken,
Heischt Glauben, wie Vernunft ihn ohne Wunder
Mir nimmer einimpft.

CORDELIA. Dennoch bitt' ich, Herr
(Ermangl' ich auch der schlüpfrig glatten Kunst,
Zu reden nur zum Schein: denn, was ich ernstlich will,
Vollbring' ich, eh' ich's sage), dass Ihr zeugt,
Es sei kein schnöder Makel, Mord noch Schmach,
Kein zuchtlos Tun, noch ehrvergessner Schritt,
Der mir geraubt hat Eure Gnad' und Huld.
Nur, weil mir fehlt, – wodurch ich reicher bin, –
Ein stets begehrend Aug' und eine Zunge,
Die ich mit Stolz entbehr', obgleich ihr Mangel
Mir Euern Beifall raubte.

LEAR. Besser wär's,
Du lebtest nicht, als mir zur Kränkung leben!

FRANKREICH. Ist es nur das? Ein Zaudern der Natur,
Das oft die Tat unausgesprochen lässt,
Die es zu tun denkt? – Herzog von Burgund,
Was sagt Ihr zu der Braut? Lieb' ist nicht Liebe,
Wenn sie vermengt mit Rücksicht, die seitab
Vom wahren Ziel sich wendet. Wollt Ihr sie?
Sie selbst ist ihre Mitgift.

BURGUND. Hoher Lear,
Gebt mir den Anteil, den Ihr selbst bestimmt,
Und hier nehm' ich Cordelia bei der Hand
Als Herzogin Burgunds.

LEAR. Nichts! Ich beschwor's, ich bleibe fest.

BURGUND. Dann tut mir's leid, dass Ihr zugleich den Vater
Verliert und den Gemahl.

CORDELIA. Fahr' hin, Burgund! –
Da Wunsch nur nach Besitz sein Lieben ist,
Werd' ich nie seine Gattin.
FRANKREICH. Schönste Cordelia, du bist arm höchst reich;
Verbannt höchst wert; verachtet höchst geliebt! –
Dich nehm' ich in Besitz und deinen Wert:
Gesetzlich sei, zu nehmen, was man wegwarf.
Wie seltsam, Götter! Meiner Liebe Glühn
Und Ehrfurcht muss aus kaltem Hohn erblühn.
Sie musste Erb' und Glück bei dir verlieren,
Um über uns und Frankreich zu regieren.
Kein Herzog von Burgunds stromreichen Auen
Erkauft von mir die teuerste der Frauen!
Den Harten gib ein mildes Abschiedswort:
Das Hier verlierst du für ein bessres Dort.
LEAR. Du hast sie, Frankreich: sie sei dein; denn nie
Hatt' ich solch Kind, und nimmer grüße sie
Mein altes Auge mehr!

Zu Cordelia.

Folg' deinen Wegen
Ohn' unsre Lieb' und Gunst, ohn' unsren Segen!
Kommt, edler Fürst Burgund!

Trompeten. Lear, Burgund, Cornwall, Albanien, Gloster und Gefolge gehen ab.

FRANKREICH. Sag deinen Schwestern Lebewohl!
CORDELIA *beiseite.* Des Vaters Edelsteinen! Nassen Blicks
Verlässt Cordelia euch. Ich kenn' euch wohl,
Und nenn' als Schwester eure Fehler nicht
Beim wahren Namen. Liebt denn unsern Vater,
Ich leg' ihn euch ans viel beredte Herz,
Doch ach, wär' ich ihm lieb noch wie vor Zeiten,
Wollt' ich ihm einen bessern Platz bereiten.
So lebt denn beide wohl!
REGAN. Lehr' uns nicht unsre Pflichten!
GONERIL. Dem Gemahl
Such' zu genügen, der als Glücksalmosen
Dich aufnahm! Du verschmähst der Liebe Band,
Mit Recht entzieht sich dir, was du verkannt.

CORDELIA. Was List verborgen, wird ans Licht gebracht,
Wer Fehler schminkt, wird einst mit Spott verlacht.
Es geh' euch wohl!

FRANKREICH. Komm, liebliche Cordelia!

Frankreich und Cordelia gehen ab.

GONERIL. Schwester, ich habe nicht wenig zu sagen, was uns beide sehr nahe angeht. Ich denke, unser Vater will heut Abend fort.

REGAN. Ja, gewiss, und zu dir; nächsten Monat zu uns.

GONERIL. Du siehst, wie launisch sein Alter ist; was wir darüber beobachten konnten, war bedeutend. Er hat immer unsere Schwester am meisten geliebt, und mit wie armseligem Urteil er sie jetzt verstieß, ist zu auffallend.

REGAN. 's ist die Schwäche seines Alters: Doch hat er sich von jeher nur obenhin gekannt.

GONERIL. Schon in seiner besten und kräftigsten Zeit war er zu hastig: Wir müssen also von seinen Jahren nicht nur die Unvollkommenheiten längst eingewurzelter Gewohnheiten erwarten, sondern außerdem noch den störrischen Eigensinn, den gebrechliches und reizbares Alter mit sich bringt.

REGAN. Solch haltungsloses Auffahren wird uns nun auch bevorstehen, wie diese Verbannung Kents.

GONERIL. Dergleichen Abschiedskomplimente wird's noch mehr geben, wie zwischen Frankreich und ihm: bitt' Euch, lasst uns zusammenhalten: Behauptet unser Vater sein Ansehen mit solchen Gesinnungen, so wird jene letzte Übertragung seiner Macht uns nur zur Kränkung.

REGAN. Wir wollen es weiter überlegen.

GONERIL. Es muss etwas geschehen, und in der ersten Hitze.

Sie gehen ab.

Zweite Szene

Edmund mit einem Briefe.

EDMUND. Natur, du meine Göttin! Deiner Satzung
Gehorch' ich einzig. Weshalb sollt' ich dulden
Die Plagen der Gewohnheit und gestatten,
Dass mich der Völker Eigensinn enterbt,
Weil ich ein zwölf, ein vierzehn Mond' erschien
Nach einem Bruder? – Was Bastard? Weshalb unecht?

Wenn meiner Glieder Maß so stark gefügt,
Mein Sinn so frei, so adlig meine Züge,
Als einer Eh'gemahlin Frucht? Warum
Mit unecht uns brandmarken? Bastard? Unecht?
Uns, die im heißen Diebstahl der Natur
Mehr Stoff empfahn und kräft'gern Feuergeist,
Als in verdumpftem, trägem, schalem Bett
Verwandt wird auf ein ganzes Heer von Tröpfen,
Halb zwischen Schlaf gezeugt und Wachen? Drum,
Echtbürt'ger Edgar! Mein wird noch dein Land: –
Des Vaters Liebe hat der Bastard Edmund
Wie der Echtbürt'ge. Schönes Wort: echtbürtig!
Wohl, mein Echtbürt'ger, wenn dies Brieflein wirkt
Und mein Erfinden glückt, stürzt den Echtbürt'gen
Der Bastard Edmund. Ich gedeih', ich wachse!
Nun, Götter, schirmt Bastarde! –

Gloster kommt.

GLOSTER. Kent so verbannt! – Frankreich im Zorn gegangen!
Der König fort zu Nacht! – Der Kron' entsagt! –
Beschränkt auf Unterhalt! – Und alles das
Im Nu! – Edmund! Was gibt's? Was hast du Neues?
EDMUND. Verzeih' Euer Gnaden, nichts.

Steckt den Brief ein.

GLOSTER. Warum steckst du so eilig den Brief ein? –
EDMUND. Ich weiß nichts Neues, Mylord.
GLOSTER. Was für ein Blatt lasest du?
EDMUND. Nichts, Mylord.
GLOSTER. Nichts? –Wozu denn die erschreckliche Eil' damit in dei-
ne Tasche? – Ein eigentliches Nichts bedarf keiner solchen Hast,
sich zu verstecken. Lass sehn! Gib! Wenn es Nichts ist, brauche ich
keine Brille.
EDMUND. Ich bitte, Herr, verzeiht; es ist ein Brief meines Bruders,
den ich noch nicht ganz durchgesehen, und so weit ich bis jetzt las,
finde ich den Inhalt nicht für Eure Durchsicht geeignet.
GLOSTER. Gib mir den Brief, sag' ich!
EDMUND. Ich werde Unrecht tun, ich mag ihn geben oder behalten.
Der Inhalt, so weit ich ihn verstehe, ist zu tadeln.
GLOSTER. Lass sehn, lass sehn!
EDMUND. Ich hoffe zu meines Bruders Rechtfertigung, er schrieb
dies nur als Prüfung und Versuchung meiner Tugend.

GLOSTER *liest.* »Dieses Herkommen, diese Ehrfurcht vor dem Alter verbittert uns die Welt für unsre besten Jahre; entzieht uns unser Vermögen, bis unsre Hinfälligkeit es nicht mehr genießen kann. Ich fange an, eine alberne, törichte Sklaverei in diesem Druck bejahrter Tyrannei zu finden, die da herrscht, nicht weil sie Macht hat, sondern weil man sie duldet. Komm zu mir, dass ich weiter hierüber rede! Wenn unser Vater schlafen wollte, bis ich ihn weckte, solltest du für immer die Hälfte seiner Einkünfte genießen und der Liebling sein deines Bruders Edgar.« – Hum! – Verschwörung! – »Schlafen wollte, bis ich ihn weckte, – die Hälfte seiner Einkünfte genießen,« – mein Sohn Edgar! Hatte er eine Hand, dies zu schreiben? Ein Herz und ein Gehirn, dies auszubrüten? Wann bekamst du dies? Wer brachte dir's?

EDMUND. Es ward mir nicht gebracht, Mylord, das ist die Feinheit; ich fand's durch das Fenster meines Zimmers geworfen.

GLOSTER. Du erkennst deines Bruders Handschrift?

EDMUND. Wäre der Inhalt gut, Mylord, so wollte ich darauf schwören; aber, wenn ich auf diesen sehe, so möchte ich lieber glauben, sie sei es nicht.

GLOSTER. Es ist seine Hand.

EDMUND. Sie ist's, Mylord, aber ich hoffe, sein Herz ist dem Inhalte fern.

GLOSTER. Hat er dich nie zuvor über diesen Punkt ausgeforscht?

EDMUND. Niemals, Mylord; doch habe ich ihn oft behaupten hören, wenn Söhne in reifen Jahren und die Väter auf der Neige ständen, dann sei von Rechts wegen der Vater des Sohnes Mündel, und der Sohn Verwalter des Vermögens.

GLOSTER. O Schurke, Schurke! – Völlig der Sinn seines Briefes! – Verruchter Bube! Unnatürlicher, abscheulicher, viehischer Schurke! Schlimmer als viehisch! – Geh gleich, such' ihn auf, ich will ihn festnehmen. – Verworfener Bösewicht! – Wo ist er? –

EDMUND. Ich weiß es nicht genau, Mylord. Wenn es Euch gefiele, Euren Unwillen gegen meinen Bruder zurückzuhalten, bis Ihr ihm ein bessres Zeugnis seiner Absichten entlocken könnt, so würdet Ihr sicherer gehen; wollt Ihr aber gewaltsam gegen ihn verfahren, und hättet Euch in seiner Absicht geirrt, so würde es Eure Ehre tödlich verwunden und das Herz seines Gehorsams zertrümmern. Ich möchte mein Leben für ihn zum Pfande setzen, dass er dies geschrieben hat, um meine Ergebenheit gegen Euch, Mylord, auf die Probe zu stellen, ohne eine gefährliche Absicht.

GLOSTER. Meinst du?

EDMUND. Wenn's Euer Gnaden genehm ist, stell' ich Euch an einen Ort, wo Ihr uns darüber reden hören und Euch durch das Zeugnis Eures eignen Ohrs Gewissheit verschaffen sollt; und das ohne Verzug, noch diesen Abend.

GLOSTER. Er kann nicht solch ein Ungeheuer sein.

EDMUND. Und ist's gewiss nicht.

GLOSTER. Gegen seinen Vater, der ihn so ganz, so zärtlich liebt! Himmel und Erde! Edmund, such' ihn auf! – Forsche mir ihn aus, ich bitte dich, führe das Geschäft nach deiner eignen Klugheit: Ich könnte nicht Vater sein, wenn ich hierzu die nötige Entschlossenheit besäße.

EDMUND. Ich will ihn sogleich aufsuchen, Mylord, die Sache fördern, wie ich's vermag, und Euch von allem Nachricht geben.

GLOSTER. Jene letzten Verfinsterungen an Sonne und Mond weissagen uns nichts Gutes. Mag die Wissenschaft der Natur sie so oder anders auslegen, die Natur empfindet ihre Geißel an den Wirkungen, die ihnen folgen: Liebe erkaltet, Freundschaft fällt ab, Brüder entzweien sich; in Städten Meuterei, auf dem Lande Zwietracht, in Palästen Verrat; das Band zwischen Sohn und Vater zerrissen: dieser mein Bube bestätiget diese Vorzeichen; da ist Sohn gegen Vater. Der König weicht aus dem Gleise der Natur, da ist Vater gegen Kind. Wir haben das Beste unsrer Zeit gesehn: Ränke, Herzlosigkeit, Verrat und alle zerstörenden Umwälzungen folgen uns rastlos bis an unser Grab. Erforsche mir den Buben, Edmund, es soll dein Schade nicht sein; tu's mit allem Eifer! Und der edle, treu geherzte Kent verbannt! Sein Verbrechen, Redlichkeit! – Seltsam, seltsam! – *Geht ab.*

EDMUND. Das ist die ausbündige Narrheit dieser Welt, dass, wenn wir an Glück krank sind – oft durch die Übersättigung unsres Wesens –, wir die Schuld unsrer Unfälle auf Sonne, Mond und Sterne schieben, als wenn wir Schurken wären durch Notwendigkeit; Narren durch himmlische Einwirkung; Schelme, Diebe und Verräter durch die Übermacht der Sphären; Trunkenbolde, Lügner und Ehebrecher durch erzwungene Abhängigkeit von planetarischem Einfluss; und alles, worin wir schlecht sind, durch göttlichen Anstoß. Eine herrliche Ausflucht für den Liederlichen, seine hitzige Natur den Sternen zur Last zu legen! – Mein Vater ward mit meiner Mutter einig unterm Drachenschwanz, und meine Nativität fiel unter ursa major; und so folgt denn, ich müsse rau und verbuhlt sein. Ei was, ich wäre geworden, was ich bin, wenn auch der jungfräulichste Stern am Firmament auf meine Bastardisierung geblinkt hätte. Edgar, –

Edgar tritt auf.

Und husch ist er da, wie die Katastrophe in der alten Komödie. Mein Stichwort ist »spitzbübische Melancholie« und ein Seufzer wie Thoms aus Bedlam. – Oh, diese Verfinsterungen deuten diesen Zwiespalt! Fa, sol, la, mi –

Summt diese Noten.

EDGAR. Wie geht's, Bruder Edmund? In was für tiefsinnigen Betrachtungen?

EDMUND. Ich sinne, Bruder, über eine Weissagung, die ich dieser Tage las, was auf diese Verfinsterungen folgen werde!

EDGAR. Gibst du dich mit solchen Dingen ab?

EDMUND. Ich versichre dich, die Wirkungen, von denen er schreibt, treffen leider ein! – Unnatürlichkeit zwischen Vater und Kind, – Tod, Teuerung, Auflösung alter Freundschaft, Spaltung im Staat, Drohungen und Verwünschungen gegen König und Adel, grundloses Misstrauen, Verbannung von Freunden, Auflösung des Heers, Trennung der Ehen und was noch alles?

EDGAR. Seit wann gehörst du zur astronomischen Sekte?

EDMUND. Wann sahst du meinen Vater zuletzt?

EDGAR. Nun, gestern Abend.

EDMUND. Sprachst du mit ihm?

EDGAR. Ja, zwei volle Stunden.

EDMUND. Schiedet ihr in gutem Vernehmen? Bemerktest du kein Missfallen an ihm in Worten oder Mienen? –

EDGAR. Durchaus nicht.

EDMUND. Besinne dich, womit du ihn beleidigt haben könntest, und ich bitte dich, meide seine Gegenwart, bis eine kurze Zwischenzeit die Hitze seines Zorns abgekühlt hat, der jetzt so in ihm wütet, dass ihn kaum eine Misshandlung an deiner Person besänftigen würde.

EDGAR. Irgendein Schurke hat mich angeschwärzt!

EDMUND. Das fürchte ich auch. Ich bitte dich, weiche ihm sorgfältig aus, bis die Heftigkeit seines Ingrimms nachlässt, und, wie gesagt, verbirg dich bei mir in meinem Zimmer, wo ich's einrichten will, dass du den Grafen reden hören sollst. Ich bitte dich, geh, hier ist mein Schlüssel. Wagst du dich hervor, so geh bewaffnet!

EDGAR. Bewaffnet, Bruder?

EDMUND. Bruder, ich rate dir dein Bestes: Geh bewaffnet: Ich will nicht ehrlich sein, wenn man Gutes gegen dich im Schilde führt.

Ich habe dir nur schwach angedeutet, was ich sah und hörte; längst
noch nicht, wie entsetzlich die Wirklichkeit ist. Bitte dich, fort! –
EDGAR. Werd' ich bald von dir hören?
EDMUND. Zähle auf mich in dieser Sache!

Edgar geht ab.

Ein gläub'ger Vater und ein edler Bruder,
So fern von allem Unrecht, dass er nie
Argwohn gekannt, des dumme Ehrlichkeit
Mir leichtes Spiel gewährt! Ich seh' den Ausgang:
Wenn nicht Geburt, schafft List mir Land und Leute;
Und was mir nützt, das acht' ich gute Beute. *Ab.*

Dritte Szene

Goneril und der Haushofmeister Oswald.

GONERIL. Schlug mein Vater meinen Diener, weil er seinen
  Narren schalt?
OSWALD. Ja, gnäd'ge Frau!
GONERIL. Bei Tag und Nacht! er kränkt mich! – Jede Stunde
  Bricht er hervor mit der und jener Unbill,
  Die uns verstimmt und stört: Ich duld' es nicht.
  Die Ritter werden frech, er selber schilt
  Um jeden Tand. Wenn er vom Jagen kommt,
  Will ich ihn jetzt nicht sehn; sag, ich sei krank.
  Wenn Ihr in Eurem Dienst saumsel'ger werdet,
  So tut Ihr Recht; die Schuld nehm' ich auf mich.

Jagdhörner hinter der Szene.

OSWALD. Jetzt kommt er, gnäd'ge Frau, ich hör' ihn schon.
GONERIL. Zeigt ihm so träge Lässigkeit ihr wollt,
  Du und die andern; ich wollt', es käm' zur Sprache.
  Wenn's ihm missfällt, so zieh' er hin zur Schwester,
  Die darin, weiß ich, einig ist mit mir,
  Und sich nicht meistern lässt. Der greise Tor,
  Der immer noch die Macht behaupten will,
  Die er verschenkt hat! Nun, bei meinem Leben,
  Das Alter kehrt zur Kindheit, und es braucht
  Der strengen Zucht, wenn Güte ward missbraucht.
  Merk' dir, was ich gesagt! –
OSWALD. Wohl, gnäd'ge Frau!

GONERIL. Und seinen Rittern gönnt nur kalte Blicke,
 Was draus erwächst, gleichviel; sagt das den andern auch:
 Ich nehme wohl Gelegenheit hieraus,
 Mich zu erklären. Meiner Schwester schreib' ich gleich,
 Dass sie verfährt wie ich. Besorg' das Mahl!
Sie gehen ab.

Vierte Szene

Kent tritt auf, verkleidet.

KENT. Kann ich so gut nur fremde Sprache borgen,
 Die meine Red' entstellt, so mag vielleicht
 Mein guter Will' in vollem Maß erstreben
 Das Ziel, um das mein Wesen ich verhüllte. –
 Nun, du verbannter Kent,
 Kannst du dort dienen, wo man dich verdammt,
 (Und geb' es Gott!) soll dein geliebter Herr
 Dich unermüdlich finden.

Jagdhörner hinter der Szene; Lear, Ritter und Gefolge treten auf.

LEAR. Lasst mich keinen Augenblick auf das Essen warten; geht, lasst
 anrichten!

Einer vom Gefolge geht ab.

 Nun, wer bist du?
KENT. Ein Mann, Herr!
LEAR. Was ist dein Beruf? Was willst du von uns?
KENT. Mein Beruf ist, nicht weniger zu sein, als ich scheine; dem
 treu zu dienen, der's mit mir versuchen will; den zu lieben, der ehr-
 lich ist; mit dem zu verkehren, der Verstand hat und wenig spricht;
 den guten Leumund zu achten, zu fechten, wenn ich's nicht ändern
 kann, und keine Fische zu essen.
LEAR. Wer bist du?
KENT. Ein recht treuherziger Kerl und so arm als der König.
LEAR. Wenn du als Untertan so arm bist, wie er als König, dann bist
 du arm genug. Was willst du?
KENT. Dienst.
LEAR. Wem willst du dienen?
KENT. Euch.
LEAR. Kennst du mich, Alter? –

KENT. Nein; aber Ihr habt etwas in Eurem Wesen, das ich gern Herr nennen möchte.

LEAR. Was ist das?

KENT. Hoheit.

LEAR. Was für Dienste kannst du tun?

KENT. Ich kann ein erlaubtes Geheimnis verschweigen, reiten, laufen, eine hübsche Geschichte langweilig erzählen, und eine deutliche Botschaft schlicht bestellen: Wozu ein gewöhnlicher Mensch brauchbar ist, dafür tauge ich, und das Beste an mir ist Fleiß.

LEAR. Wie alt bist du?

KENT. Nicht so jung, Herr, ein Mädchen ihres Gesanges wegen zu lieben, noch so alt, um ohne alle Ursache in sie vergafft zu sein; ich habe achtundvierzig Jahre auf dem Rücken.

LEAR. Folge mir, du sollst mir dienen; wenn du mir nach dem Essen nicht schlechter gefällst, so trennen wir uns nicht so bald. – Das Essen, holla! Das Essen! – Wo ist mein Bursch, mein Narr? – Geh' einer und ruf' mir meinen Narren her!

Haushofmeister Oswald kommt.

Ihr da! – He! – Wo ist meine Tochter?

OSWALD. Verzeiht mir – *Er geht ab.*

LEAR. Was sagt der Schlingel da? Ruft den Tölpel zurück! Wo ist mein Narr, he? – Ich glaube, die Welt liegt im Schlaf. –

Ritter tritt auf.

Nun? Wo bleibt der Lümmel?

RITTER. Er sagt, Mylord, Eurer Tochter sei nicht wohl.

LEAR. Warum kam denn der Flegel nicht zurück, als ich ihn rief?

RITTER. Herr, er sagte mir sehr rund heraus, er wolle nicht.

LEAR. Er wolle nicht?

RITTER. Mylord, ich weiß nicht, was vorgeht; aber nach meiner Ansicht begegnet man Eurer Hoheit nicht mehr mit der ehrerbietigen Aufmerksamkeit, wie man pflegte; es zeigt sich ein großes Abnehmen der Höflichkeit sowohl bei der Dienerschaft als auch beim Herzog und Eurer Tochter selbst.

LEAR. Ha! Meinst du? –

RITTER. Ich bitte Euch, verzeiht mir, Mylord, wenn ich mich irre, denn mein Diensteifer kann nicht schweigen, wenn ich Eure Hoheit beleidigt glaube.

LEAR. Du erinnerst mich nur an meine eigne Wahrnehmung. Ich bemerkte seit Kurzem eine sehr kalte Vernachlässigung, doch schob ich's mehr auf meine argwöhnische Gemütsart, als auf einen wirklichen Vorsatz und absichtliche Unfreundlichkeit. – Ich will genauer darauf achtgeben. Aber wo ist mein Narr? Ich hab' ihn in zwei Tagen nicht gesehn.

RITTER. Seit der jungen Fürstin Abreise nach Frankreich, gnädiger Herr, hat sich der Narr ganz abgehärmt.

LEAR. Still davon; ich hab' es wohl bemerkt. Geht, und sagt meiner Tochter, ich wolle sie sprechen. Und Ihr, ruft meinen Narren!

Haushofmeister Oswald kommt.

O mein Freund, kommt doch näher! Wer bin ich, Kerl?

OSWALD. Myladys Vater.

LEAR. Myladys Vater? Mylords Schurke! Du verdammter Hund, du Lump, du Schuft!

OSWALD. Ich bin nichts von alle dem, Mylord, ich bitte mir's aus.

LEAR. Wirfst du mir Blicke zu, du Hundsfott?

Er schlägt ihn.

OSWALD. Ich lasse mich nicht schlagen, Mylord.

KENT. Auch kein Bein stellen, du niederträchtiger Fußballspieler?

Tritt ihn in die Hacken.

LEAR. Ich danke dir, Bursch, du dienst mir, und ich will dich lieben.

KENT. Kommt, Freund, steht auf, packt Euch! Ich will Euch Unterschied lehren; fort, fort! – Wollt Ihr Eure Flegellänge noch einmal messen, so bleibt: Sonst packt Euch! Fort! Seid Ihr klug? –so! –

Er stößt den Haushofmeister hinaus.

LEAR. Nun, mein freundlicher Gesell, ich danke dir, hier ist Handgeld auf deinen Dienst.

Er gibt Kent Geld. Der Narr kommt.

NARR. Lass mich ihn auch dingen; hier ist meine Kappe.

Bietet Kent seine Kappe an.

LEAR. Nun, mein schmuckes Bürschchen? Was machst du?

NARR. Höre, Freund, du tätest am besten, meine Kappe zu nehmen.

LEAR. Warum, mein Kind?

NARR. Warum? Weil du's mit einem hältst, der in Ungnade gefallen ist. Ja, wenn du nicht lächeln kannst, je nachdem der Wind kommt, so wirst du bald einen Schnupfen weghaben. Da, nimm meine Kappe: Sieh, dieser Mensch da hat zwei von seinen Töchtern verbannt und der Dritten wider Willen seinen Segen gegeben; wenn du dem folgen willst, musst du notwendig meine Kappe tragen.

Nun, wie steht's, Gevatter? Ich wollt', ich hätte zwei Kappen und zwei Töchter! –

LEAR. Warum, mein Söhnchen?

NARR. Wenn ich ihnen all meine Habe geschenkt hätte, die Kappen behielt' ich für mich; ich habe meine; bettle du dir eine zweite von deinen Töchtern!

LEAR. Nimm dich in acht, du! – Die Peitsche! –

NARR. Wahrheit ist ein Hund, der ins Loch muss und hinausgepeitscht wird, während Madame Schoßhündin am Feuer stehen und stinken darf.

LEAR. Eine bittre Pille für mich! –

NARR. Hör', guter Freund, ich will dich einen Reim lehren.

LEAR. Lass hören!

NARR. Gib acht, Gevatter!
    Halt', was du verheißt,
    Verschweig', was du weißt,
    Hab' mehr, als du leihst,
    Reit' immer zumeist,
    Sei wachsam im Geist,
    Nicht würfle zu dreist,
    Lass Dirnen und Wein
    Und Tanz und Schalmei'n,
    So findst du den Stein
    Der Weisen allein.

LEAR. Das ist nichts, Narr.

NARR. Dann ist's gleich dem Wort eines unbezahlten Advokaten; du gabst mir nichts dafür. Kannst du von nichts keinen Gebrauch machen, Gevatter?

LEAR. Ei nein, Söhnchen, aus nichts wird nichts.

NARR *zu Kent*. Bitt' dich, sag ihm doch, gerade so viel trage ihm die Rente seines Landes; er wird's einem Narren nicht glauben.

LEAR. Ein bittrer Narr!

NARR. Weißt du den Unterschied, mein Junge, zwischen einem bittren Narren und einem süßen Narren?

LEAR. Nein, Bursch, lehr' ihn mich!

NARR. Der dir's geraten, Lear,
    Dein Land zu geben hin,
    Den stell' hierher zu mir,
    Oder stehe du für ihn:
    Der süß' und bittre Narr
    Zeigt sich dir nun sofort,

Der ein' im scheck'gen Wams,
Den andern siehst du dort.

LEAR. Nennst du mich Narr, Junge?

NARR. Alle deine andern Titel hast du weggeschenkt, mit diesem bist du geboren.

KENT. Darin ist er nicht so ganz Narr, Mylord.

NARR. Nein, mein' Seel', Lords und andere große Herren würden's mir auch nicht ganz lassen; hätt' ich ein Monopol darauf, sie müssten ihr Teil daran haben, und die Damen ebenso, die würden mir auch den Narren nicht allein lassen; sie würden was abhaben wollen. Gib mir ein Ei, Gevatter, ich will dir zwei Kronen geben.

LEAR. Was für zwei Kronen werden das sein?

NARR. Nun, nachdem ich das Ei durchgeschnitten und das Inwendige herausgegessen habe, die beiden Kronen des Eis. Als du deine Krone mitten durchspaltetest und beide Hälften weggabst, da trugst du deinen Esel auf dem Rücken durch den Dreck; du hattest wenig Witz in deiner kahlen Krone, als du deine goldne wegschenktest. Wenn ich diesmal in meiner eignen Manier rede, so lass den peitschen, der's zuerst so findet.

Singt.

> Nie machten Narr'n so wenig Glück,
> Denn Weise wurden täppisch;
> Ihr bisschen Scharfsinn ging zurück,
> Und all ihr Tun ward läppisch.

LEAR. Seit wann bist du so reich an Liedern, he? –

NARR. Das ward ich, Gevatter, seit du deine Töchter zu deinen Müttern machtest; denn als du ihnen die Rute gabst und dir selbst deine Hosen herunterzogst,

Singt.

> Da weinten sie aus freud'gem Schreck,
> Ich sang aus bitterm Gram,
> Dass solch ein König spielt' Versteck
> Und zu den Narren kam.

Bitt' dich, Gevatter, nimm einen Schulmeister an, der deinen Narren lügen lehre: Ich möchte gern lügen lernen.

LEAR. Wenn du lügst, Bursch, so werden wir dich peitschen lassen.

NARR. Mich wundert, wie du mit deinen Töchtern verwandt sein magst: Sie wollen mich peitschen lassen, wenn ich die Wahrheit sage; du willst mich peitschen lassen, wenn ich lüge, und zuweilen werde ich gepeitscht, weil ich's Maul halte. Lieber wollt' ich alles in der Welt sein, als ein Narr: Und doch möchte ich nicht du sein, Gevatter. Du hast deinen Witz von beiden Seiten abgestutzt und nichts in der Mitte gelassen. Da kommt so ein Abgestutztes.

Es tritt Goneril auf.

LEAR. Nun, Tochter? Wieder deine Stirn umwölkt? –
Mir deucht, sie ward die letzte Zeit zu finster!

NARR. Du warst ein hübscher Gesell, als du noch nicht nötig hattest, auf ihre Runzeln zu achten; nun bist du eine Null ohne Ziffern: Ich bin jetzt mehr als du: Ich bin ein Narr, du bist nichts. – Ja doch, ich will ja schweigen; das befiehlt mir Euer Gesicht, obgleich Ihr nichts sagt.
Mum, mum,
Wer nicht Kruste hat noch Krum,
Was er auch bittet, er gilt für stumm.

Er zeigt auf Lear.

Das ist so 'ne leere Erbsenschote! –

GONERIL. Nicht dieser freche Narr allein, Mylord,
Auch mancher Eurer zügellosen Ritter
Sucht stündlich Zank und Unfug, schwelgt und rauft
In unerträglich läst'ger Wildheit. Herr,
Ich glaubte, wenn ich dies Euch angezeigt,
Ihr würdet's ändern; doch befürcht' ich nun
Nach dem, was Ihr seit Kurzem spracht und tatet,
Ihr schützt dies Treiben selbst und reizt dazu
Durch Euern Beifall: steht es so, dann fehlt
Die Rüge nicht, noch schläft die scharfe Zucht,
Die, zwar nur strebend nach wohltät'gem Frieden,
Vielleicht in ihrem Lauf Euch Kränkung bringt,
Was Schmach uns wäre sonst; doch weise Vorsicht,
Wenn es die Not gebeut.

NARR. Denn du weißt, Gevatter,
Grasmücke so lange den Kuckuck speist,
Bis sein Junges ihr endlich den Kopf abreißt.
Und da ging das Licht aus, und wir saßen im Dunkeln.

LEAR. Bist du meine Tochter?

GONERIL. Hört mich:
Ich wollt', Ihr brauchtet den gesunden Sinn,
Der sonst, ich weiß, Euch ziert; und legtet ab
Die Launen, die seit Kurzem Euch verkehrt
Zu einer Sinnsart, die Euch unnatürlich.

NARR. Kann's nicht ein Esel merken, wenn der Karren das Pferd
zieht?

Singt.

Heißa, Hans, ich liebe dich.

LEAR. Kennt mich hier jemand? – Nein, das ist nicht Lear! –
Geht Lear so? Spricht so? Wo sind seine Augen?
Sein Kopf muss schwach sein, oder seine Denkkraft
Im Todesschlaf. Ha, bin ich wach? – Es ist nicht so.
Wer kann mir sagen, wer ich bin?

NARR. Lears Schatten.

LEAR. Ich wüsst' es gern; denn nach den Zeichen
Des Königtums, der Einsicht und Vernunft
War's Täuschung, wenn ich glaubt', ich hätte Töchter.

NARR. Die dich zum gehorsamen Vater machen werden.

LEAR. Euer Name, schöne Frau? –

GONERIL. O geht, Mylord! –
Dieses Erstaunen schmeckt zu sehr nach andern
Von Euern neuen Grillen. Ich ersuch' Euch,
Nicht meine wahre Absicht misszudeuten.
So alt und würdig, seid verständig auch;
Ihr haltet hundert Ritter hier und Knappen,
So wildes Volk, so schwelgerisch und frech,
Dass unser Hof, befleckt durch ihre Sitten,
Gemeiner Schenke gleicht. Unzucht und Lust
Stempelt ihn mehr zum Weinhaus und Bordell,
Als fürstlichen Palast. Scham selber heischt
Abhülfe schleunig: Seid deshalb ersucht
Von der, die sonst sich nimmt, um was sie bat,
Ein wenig zu vermindern Euern Schwarm:
Und wählt den Rest, der Euerm Dienst verbleibt,
Aus Männern, wohlanständig Euerm Alter,
Die sich und Euch erkennen!

LEAR. Höll' und Teufel! –
Sattelt die Pferde, ruft all mein Gefolg';
Entarteter Bastard, ich will dich nicht
Belästigen; noch bleibt mir eine Tochter.

GONERIL. Ihr schlagt mein Dienstvolk, und Eu'r frecher Tross
Macht bessre sich zu Knechten.

Albanien tritt auf.

LEAR. Weh, wer zu spät bereut! O Herr, seid Ihr's?
Ist das Eu'r Wille? Sprecht! – Bringt meine Pferde!
Undankbarkeit, du marmorherz'ger Teufel,
Abscheulicher, wenn du dich zeigst im Kinde
Als Meeresungeheuer! –
ALBANIEN. Fasst Euch, Mylord!
LEAR *zu Goneril.* Verruchter Gei'r, du lügst! –
Mein Volk sind ausgewählt' und wackre Männer,
Höchst kundig aller Pflichten ihres Dienstes,
Und die mit strenger Achtsamkeit genau
Auf ihre Ehre halten. O du kleiner Fehl,
Wie schienst du an Cordelien mir so gräulich,
Dass du, wie folternd, mein Naturgefühl
Verrenkt, dem Herzen alle Lieb' entrissest,
In Galle sie zu wandeln! O Lear, Lear, Lear!
Schlag' an dies Tor, das deinen Blödsinn einließ,

Schlägt sich an die Stirn.

Hinaus die Urteilskraft! Geht, gute Leute!

Ritter und Kent ab.

ALBANIEN. Herr, ich bin schuldlos, ja ich ahnde nicht,
Was Euch bewegt.
LEAR. Es kann wohl sein, Mylord. –
Hör' mich, Natur, hör', teure Göttin, hör' mich!
Hemm' deinen Vorsatz, wenn's dein Wille war,
Ein Kind zu schenken dieser Kreatur! –
Unfruchtbarkeit sei ihres Leibes Fluch! –
Vertrockn' ihr die Organe der Vermehrung:
Aus ihrem entarteten Blut erwachse nie
Ein Säugling, sie zu ehren! Muss sie kreißen,
So schaff' ihr Kind aus Zorn, auf dass es lebe
Als widrig quälend Missgeschick für sie! –
Es grab' ihr Runzeln in die junge Stirn,
Mit unversiegten Tränen ätz' es Furchen
In ihre Wangen: alle Muttersorg' und Wohltat
Erwidr' es ihr mit Spott und Hohngelächter;
Dass sie empfinde, wie es schärfer nage,
Als Schlangenzahn, ein undankbares Kind
Zu haben! – Fort, hinweg! – *Ab.*
ALBANIEN. Nun, ew'ge Götter, was bedeutet dies?

GONERIL. Nicht kümmert Euch, die Ursach' zu erfahren;
   Lasst seiner wilden Laune nur das Ziel,
   Das Torheit ihr gesteckt! –

Lear kommt zurück.

LEAR. Was? Fünfzig meiner Leut' auf einen Schlag? –
   In vierzehn Tagen? –
ALBANIEN. Gnäd'ger Herr, was ist's?
LEAR. Ja, hör' mich:

Zu Goneril.

   Höll' und Tod! Ich bin beschämt,
   Dass du so meine Mannheit kannst erschüttern:
   Dass heiße Tränen, die mir wider Willen
   Entstürzen, dir geweint sein müssen. Pest
   Und Giftqualm über dich! –
   Des Vaterfluchs grimmtödliche Verwundung
   Durchbohre jeden Nerven deines Wesens! –
   Ihr alten kind'schen Augen, weint noch einmal
   Um dies Beginnen, so reiß' ich euch aus
   Und werf' euch mit den Tränen hin, die ihr vergießt,
   Den Staub zu löschen. Ha, so mag's denn sein! –
   Ich hab' noch eine Tochter,
   Die ganz gewiss mir freundlich ist und liebreich.
   Wenn sie dies von dir hört, mit ihren Nägeln
   Zerfleischt sie dir dein Wolfsgesicht. Dann find'st du
   Mich in der Bildung wieder, die du denkst,
   Ich habe sie auf immer abgeworfen;
   Du sollst, das schwör' ich dir! *Ab.*
GONERIL. Habt Ihr's gehört, Mylord?
ALBANIEN. Bei meiner großen Liebe, Goneril,
   Kann ich nicht so parteiisch sein. –
GONERIL. Ich bitt' Euch, lasst das gut sein! – Oswald, he! –

Zum Narren.

   Ihr da, mehr Schurk' als Narr, folgt Eurem Herrn!
NARR.
   Gevatter Lear, Gevatter Lear, wart' und nimm den Narren mit dir!
   Ein Fuchs, den man gefangen,
   Und solche Rangen,
   Die müssten am Baum mir hangen,

Könnt' ich 'nen Strick erlangen:
Der Narr kommt nachgegangen. *Ab.*
GONERIL. Der Mann war gut beraten. – Hundert Ritter!
Politisch wär's und sicher, hundert Ritter
Zur Hand ihm lassen: dass bei jedem Traum,
Bei jeder Grill' und Laune, Klag' und Unlust,
Er seine Torheit stützt' auf ihre Macht,
Und unser Leben hing' an seinem Wink.
He, Oswald! He!
ALBANIEN. Du fürchtest wohl zu sehr. –
GONERIL. Besser, als traut' ich ihm zu sehr.
Lass mich die Kränkung hemmen, die ich fürchte,
Nicht eigne Hemmung fürchten: Ja, ich kenn' ihn;
Was er geäußert, schrieb ich meiner Schwester.
Nimmt sie ihn auf mit seinen hundert Rittern,
Da ich den Nachteil ihr gezeigt,

Haushofmeister Oswald kommt.

Nun, Oswald,
Hast du an meine Schwester dies geschrieben?
OSWALD. Ja, gnäd'ge Frau!
GONERIL. Nimm dir Begleitung mit und schnell zu Pferd:
Belehre sie, was ich besonders fürchte,
Und füge selbst ihr solchen Grund hinzu,
Der dies noch mehr verstärkt! Nun, mach' dich auf, –
Und kehre bald zurück!

Oswald geht ab.

Nein, nein, Mylord,
Dies Eu'r milchsanftes, allzu güt'ges Wesen,
Ich will's nicht schelten; doch Euch trifft, verzeiht,
Mehr Tadel, wegen Mangel an Verstand,
Als Lob für tör'ge Sanftmut.
ALBANIEN. Ob du das Rechte triffst, entscheid' ich nimmer:
Wer bessern will, macht oft das Gute schlimmer. –
GONERIL. Nun also –
ALBANIEN. Gut, gut, – der Ausgang. –

Sie gehen ab.

Fünfte Szene

Es treten auf Lear, Kent und der Narr.

LEAR. Geh du voraus nach Gloster mit diesem Brief; sag meiner Tochter von dem, was du weißt, nicht mehr, als was sie nach dem Brief von dir erfragen wird. Wenn du nicht sehr eilst, werd' ich noch vor dir dort sein.

KENT. Ich will nicht schlafen, Mylord, bis ich Euern Brief bestellt habe. *Geht ab.*

NARR. Wenn einem das Hirn in den Beinen säße, wär's da nicht in Gefahr, Schwielen zu bekommen? –

LEAR. Ja, Bursch.

NARR. Dann bitt' ich dich, sei lustig, dein Verstand wird nie auf Schlappschuhen gehen dürfen.

LEAR. Ha, ha, ha!

NARR. Gib acht, deine andre Tochter wird dir artig begegnen; denn obgleich sie dieser so ähnlich sieht, wie der Holzapfel dem Apfel, so weiß ich doch, was ich weiß.

LEAR. Nun, was weißt du denn, mein Junge?

NARR. Sie wird ihr an Geschmack so gleich sein, als ein Holzapfel einem Holzapfel. Das weißt du, warum einem die Nase mitten im Gesicht steht?

LEAR. Nein.

NARR. Ei, um die beiden Augen nach beiden Seiten der Nase hin zu gebrauchen, damit man in das, was man nicht heraus riechen kann, ein Einsehen habe.

LEAR. Ich tat ihr Unrecht.

NARR. Kannst du mir sagen, wie die Auster ihre Schale macht?

LEAR. Nein.

NARR. Ich auch nicht; aber ich weiß, warum die Schnecke ein Haus hat.

LEAR. Warum?

NARR. Nun, um ihren Kopf hineinzustecken, nicht um's an ihre Töchter zu verschenken und ihre Hörner ohne Futteral zu lassen.

LEAR. Ich will meine Natur vergessen. Solch güt'ger Vater! Sind meine Pferde bereit?

NARR. Deine Esel sind nach ihnen gegangen. Der Grund, warum die sieben Sterne nicht mehr sind als sieben, ist ein hübscher Grund.

LEAR. Weil's nicht acht sind.

NARR. Ja, wahrhaftig, du würdest einen guten Narren abgeben.

LEAR. Mit Gewalt muss ich's wiedernehmen. Scheusal, Undankbarkeit!

NARR. Wenn du mein Narr wärst, Gevatter, so bekämst du Schläge, weil du vor der Zeit alt geworden bist.

LEAR. Was soll's?

NARR. Du hättest nicht alt werden sollen, eh' du klug geworden wärst.

LEAR. O schützt vor Wahnsinn mich, vor Wahnsinn, Götter! Schenkt Fassung mir: Ungern wär' ich wahnsinnig!

Ein Ritter kommt.

Nun, sind die Pferde bereit?

RITTER. Bereit, Mylord!

LEAR. Komm, Junge!

Lear und Ritter ab.

NARR. Die jetzt noch Jungfer ist und spottet mein und stichelt,
Die bleibt's nicht lange, wird nicht alles weggesichelt. *Ab.*

Zweiter Aufzug
Erste Szene

Es treten auf Edmund und Curan von verschiedenen Seiten.

EDMUND. Gott grüß' dich, Curan!

CURAN. Und Euch, Herr! Ich bin bei Euerm Vater gewesen und habe ihm die Nachricht gebracht, dass der Herzog von Cornwall und Regan, seine Herzogin, diesen Abend bei ihm eintreffen werden.

EDMUND. Wie kommt das?

CURAN. Nun, ich weiß nicht. Ihr werdet die Neuigkeiten gehört haben: Ich meine, was man sich zuraunt; denn noch ist die Sache nur Ohrengeflüster.

EDMUND. Ich? Nichts! Bitt' Euch, was sagt man?

CURAN. Habt Ihr nicht gehört, dass es wahrscheinlich bald zwischen den Herzogen von Cornwall und Albanien zum Krieg kommen wird? –

EDMUNND. Nicht ein Wort.

CURAN. So werdet Ihr's noch hören. Lebt wohl, Herr! *Ab.*

EDMUND. Der Herzog hier zu Nacht! So besser! Trefflich!
Das webt sich mit Gewalt in meinen Plan.
Mein Vater stellte Wachen, meinen Bruder
Zu fangen; und ich hab' ein häklig Ding

Noch auszurichten. Helft mir, Glück und Raschheit! –
Bruder, ein Wort! – Komm, Bruder, komm herunter!

Edgar tritt auf.

Mein Vater stellt dir nach – o flieh' von hier:
Kundschaft erhielt er, wo du dich versteckt; –
Dir wird die Nacht den besten Schutz gewähren. –
Sprachst du nicht etwa gegen Herzog Cornwall? –
Er kommt hierher, bei Nacht, in größter Eil',
Und Regan mit ihm: Hast du nichts gesagt
Von seinem Streite mit Albaniens Herzog?
Besinne dich!

EDGAR. Nein wahrlich, nicht ein Wort.

EDMUND. Den Vater hör' ich kommen, – nun verzeih' –
Verstellterweise muss ich mit dir fechten,
Zieh', wehre dich zum Schein! Nun mach' dich fort!
Ergib dich! Komm zuvor ihm! Licht, he, Licht!
Flieh', Bruder! – Fackeln, Fackeln! – So leb wohl!

Edgar geht ab.

Ein wenig Blut an mir zeugt wohl die Meinung

Er verwundet sich den Arm.

Von ernstrer Gegenwehr. Ich sah Betrunkne
Im Scherz mehr tun als dies. – O Vater, Vater!
Halt, haltet ihn! Ist keine Hülfe?

Gloster und Bediente mit Fackeln treten auf.

GLOSTER. Nun, Edmund, wo ist der Schurke?

EDMUND. Er stand im Dunkeln hier, sein Schwert gezückt,
Den Mond beschwörend mit verruchtem Zauber,
Ihm hilfreich beizustehn.

GLOSTER. Nun, und wo ist er?

EDMUND. Seht, Herr, ich blute.

GLOSTER. Edmund, wo ist der Schurke? –

EDMUND. Dorthin entflohn. Als er auf keine Weise –

GLOSTER. Verfolgt ihn! – Fort!

Einige Bediente ab.

»Auf keine Weise« – was?

EDMUND. Mich überreden konnt', Euch zu ermorden,
Und ich ihm sagte, dass die Rachegötter
Auf Vatermord all ihren Donner schleudern,

Und wie durch vielfach starkes Band dem Vater
Das Kind vereinigt sei, – genug, Mylord,
Gewahrend, wie mit Abscheu ich verwarf
Sein unnatürlich Tun, – in grimmer Kraft
Mit schon gezognem Schwert fällt er gewaltig
Mich Unbewehrten an, trifft mir den Arm;
Doch als er sah, wie mein Gemüt empört
Kühn durch des Streites Recht ihm widerstand, –
Vielleicht erschreckt auch durch mein Schrei'n um Hülfe, –
Entfloh er plötzlich.

GLOSTER. Flieh' er noch so weit,
In diesem Land entgeht er nicht der Haft,
Und, trifft man ihn, der Strafe. Unser Herzog,
Mein werter Fürst und Schutzherr, kommt zu Nacht;
Kraft seiner Vollmacht künd' ich's aller Welt,
Dass, wer ihn findet, unsern Dank verdient,
Bringt er den feigen Meuchler zum Gericht:
Wer ihn verbirgt, den Tod.

EDMUND. Als ich ihm sein Beginnen widerriet
Und fand ihn so erpicht, – da droht' ich grimmig,
Ihn anzugeben; er erwiderte:
»Du güterloser Bastard! Kannst du wähnen,
Stünd' ich dir gegenüber, dass der Glaube
An irgend Wahrheit, Wert und Treu' in dir
Dir Zutraun schaffte? Nein, straft' ich dich Lügen –
Und dieses tät' ich, ja, und zeigt'st du auf
Die eigne Handschrift – alles stellt' ich dar
Als deine Bosheit, Arglist, schnöden Trug.
Du musst 'nen Dummkopf machen aus der Welt,
Soll sie den Vorteil meines Todes nicht
Als starken, höchst gewicht'gen Trieb erkennen,
Ihn anzustiften.«

GLOSTER. O verstockter Bube!
Die Handschrift leugnen? Hat er das gesagt?

Man hört Trompeten.

Der Herzog! – Was ihn herführt, weiß ich nicht. –
Die Häfen sperr' ich all', er soll nicht fliehn.
Mein Fürst muss mir's gewähren; auch sein Bildnis
Versend' ich nah und fern; das ganze Reich
Soll Kenntnis von ihm haben; und mein Land,

Du guter, würd'ger Sohn, ich wirk' es aus,
Dass du's besitzen darfst.

Cornwall und Regan treten mit Gefolge auf.

CORNWALL. Wie geht's, mein edler Freund? Seit ich hierher kam –
Was kaum geschehn –, vernahm ich arge Dinge.
REGAN. Und sind sie wahr, genügt wohl keine Strafe
So großer Missetat. Wie geht's Euch, Graf? –
GLOSTER. Zerrissen ist mein altes Herz, zerrissen!
REGAN. Was? Meines Vaters Pate sucht Eu'r Leben?
Er, den mein Vater hat benannt? Eu'r Edgar?
GLOSTER. O Fürstin! Fürstin! Scham verschwieg' es gern.
REGAN. Hatt' er nicht Umgang mit den wüsten Rittern
In meines Vaters Dienst?
GLOSTER. Ich weiß nicht, Lady. Es ist zu schlimm, zu schlimm!
EDMUND. Ja, gnäd'ge Frau, er hielt mit jenem Schwarm.
REGAN. Kein Wunder denn, dass er auf Bosheit sann!
Sie trieben ihn zum Mord des alten Mannes,
Um seine Renten schwelgend zu verprassen.
Erst diesen Abend hat mir meine Schwester
Sie recht geschildert, und mit solcher Warnung,
Dass, wenn sie kommen, um bei mir zu wohnen,
Ich nicht daheim sein will.
CORNWALL. Auch ich nicht, Regan.
Edmund, ich hört', Ihr habt dem Vater Euch
Bewährt als treuer Sohn.
EDMUND. Ich tat nach Pflicht.
GLOSTER. Er deckte seine List auf und erhielt
Die Wunde hier, als er ihn greifen wollte.
CORNWALL. Setzt man ihm nach?
GLOSTER. Ja, gnäd'ger Herr.
CORNWALL. Wird er ergriffen, soll sich niemand ferner
Vor seiner Bosheit scheun: all meine Macht
Steht Euch zu Dienst nach eigner Wahl, Ihr, Edmund,
Des Tugend und Gehorsam eben jetzt
Sich so bewährt, Ihr sollt der Unsre sein:
Gemüter solcher Treue tun uns not,
So zähl' ich denn auf Euch.
EDMUND. Ich dien' Euch treu,
Worin's auch sein mag.
GLOSTER. Dank für ihn, mein Fürst.
CORNWALL. Ihr wisst nicht, was uns hergeführt zu Euch –

REGAN. So außer Zeit, in Finsternis der Nacht!
    Der Anlass, edler Gloster, hat Gewicht;
    Und Eures Rates sind wir sehr bedürftig.
    Mein Vater schreibt uns, und die Schwester auch,
    Von Zwistigkeiten, die ich besser hielt
    Zu schlichten außerm Hause. Beide Boten
    Erwarten hier Bescheid. Ihr, alter Freund,
    Beruhigt Eu'r Gemüt und steht uns bei
    Mit höchst erwünschtem Rat in dieser Sache,
    Die dringend Eile heischt!
GLOSTER. Ich dien' Euch gern:
    Eu'r Gnaden sind von Herzen mir willkommen.

Sie gehen ab.

Zweite Szene

Es treten auf Kent und der Haushofmeister Oswald von verschiedenen Seiten.

OSWALD. Guten Morgen, mein Freund: Bist du hier vom Hause?
KENT. Ja.
OSWALD. Wo können wir die Pferde unterbringen?
KENT. Im Dreck.
OSWALD. Ich bitte dich, sag mir's, wenn du mich lieb hast.
KENT. Ich habe dich nicht lieb.
OSWALD. Nun, so frage ich nichts nach dir.
KENT. Hätt' ich dich in Lipsburys Pferch, so solltest du schon nach mir fragen.
OSWALD. Warum behandelst du mich so? Ich kenne dich nicht.
KENT. Kerl, ich kenne dich.
OSWALD. Wer bin ich denn?
KENT. Ein Schurke bist du, ein Halunke, ein Tellerlecker; ein niederträchtiger, eitler, hohler, bettelhafter, dreiröckiger, hundertpfündiger, schmutziger, grobstrümpfiger Schurke; ein milchlebriger, Ohrfeigen einsteckender Schurke; ein liederlicher, spiegelgaffender, überdienstfertiger geschniegelter Taugenichts; einer, der aus lauter Diensteifer ein Kuppler sein möchte, und nichts ist, als ein Gemisch von Schelm, Bettler, Lump, Kuppler und der Sohn und Erbe einer Bastardpetze; einer, den ich in Greinen und Winseln hineinprügeln

35

will, wenn du die kleinste Silbe von diesen deinen Ehrentiteln ableugnest.

OSWALD. Was für ein Unmensch bist du, Kerl, so auf einen zu schimpfen, den du nicht kennst und der dich nicht kennt?

KENT. Was hast du für eine eiserne Stirn, du Schuft, mir's abzuleugnen, dass ich dich kenne? Sind's doch kaum zwei Tage, seit ich dir ein Bein stellte und dich vor dem König prügelte? Zieh', du Schuft, denn obgleich es Nacht ist, scheint der Mond; – *Er zieht den Degen.* – ich will eine Mondscheintunke aus dir machen. Zieh', du niederträchtiger, infamer Kamerad von Barbiergesellen, zieh'!

OSWALD. Fort! Ich habe nichts mit dir zu schaffen.

KENT. Zieh', Hundsfott! Du kommst mit Briefen gegen den König und nimmst der Drahtpuppe Eitelkeit Partei gegen die Majestät ihres Vaters. Zieh', Schuft! Oder ich will dir deine Schenkel so zu Mus zerhacken – zieh', Racker! Stell' dich! –

OSWALD. Hilfe! He, Mord, Hilfe! –

KENT. Wehr' dich, Bestie; steh, Schuft, steh; du geputzter Lumpenkerl, wehr' dich!

Er schlägt ihn.

OSWALD. Hilfe! Ho, Mord, Mord! –

Edmund tritt mit gezogenem Rapier auf.

EDMUND. Was gibt's hier? Was habt ihr vor? Auseinander!

KENT. Nur her, Milchbart, wenn Ihr Lust habt; kommt, ich will Euch kuranzen; nur her, Junker!

Cornwall, Regan, Gloster und Gefolge treten auf.

GLOSTER. Waffen? Degen? Was geht hier vor?

CORNWALL. Friede, bei euerm Leben!
Der stirbt, wer sich noch rührt; was habt ihr vor?

REGAN. Die Boten unsrer Schwester und des Königs.

CORNWALL. Was ist eu'r Streit? Sagt an!

OSWALD. Kaum schöpf' ich Atem, Herr!

KENT. Ich glaub's, Ihr habt den Mut so angestrengt. Du feiger Schurke, Natur verleugnet dich, ein Schneider machte dich!

CORNWALL. Seltsamer Kauz! Ein Schneider einen Menschen machen?

KENT. Ja, ein Schneider, Herr; ein Steinmetz oder ein Maler hätte ihn nicht so schlecht geliefert, und wären sie nur zwei Stunden in der Lehre gewesen.

CORNWALL. Doch sprich! Wie kam der Zwist?

OSWALD. Der alte Raufbold, Herr, des Blut ich schonte,
Um seinen grauen Bart, –
KENT. Ei du verzwicktes X, unnützer Buchstabe! Mylord, wenn Ihr's
vergönnt, stampf' ich den ungesichteten Schuft zu Mörtel, und be-
streiche eines Abtritts Wand mit ihm. – Meinen grauen Bart ge-
schont, du Bachstelze!
CORNWALL. Schweig', Kerl!
Du grober Knecht, weißt du von Ehrfurcht nichts?
KENT. Ja, Herr! Doch hat der Ingrimm einen Freibrief.
CORNWALL. Worüber bist du grimmig?
KENT. Dass solch ein Lump, wie der, ein Schwert soll tragen,
Der keine Ehre trägt. Solch Gleisnervolk
Nagt oft, gleich Ratten, heil'ge Band' entzwei,
Zu fest verknüpft zum Lösen; schmeichelt jeder Laune,
Die auflebt in dem Busen seines Herrn,
Trägt Öl ins Feuer, zum Kaltsinn Schnee; verneint,
Bejaht und dreht den Hals wie Wetterhähne
Nach jedem Wind und Luftzug seiner Obern,
Nichts wissend, Hunden gleich, als nachzulaufen.
Die Pest auf deine epilept'sche Fratze! –
Belächelst du mein Wort, wie eines Narren?
Gans, hätt' ich dich auf Sarums ebner Flur,
Ich trieb' dich gackernd heim nach Camelot.
CORNWALL. Wie, Alter? Bist du toll?
GLOSTER. Wie kam der Zank? Das sag!
KENT. Die Antipoden sind sich ferner nicht,
Als ich und solch ein Schuft.
CORNWALL. Weshalb nennst du ihn Schuft, was tat er dir?
KENT. Sein Ansehn ist mir unerträglich.
CORNWALL. Vielleicht auch meins wohl oder seins und ihrs?
KENT. Herr! Grad' heraus und offen ist mein Brauch:
Ich sah mitunter bessere Gesichter,
Als hier auf irgendeiner Schulter jetzt
Vor meinen Augen stehn.
CORNWALL. Das ist ein Bursch,
Der, einst gelobt um Derbheit, sich befleißt
Vorwitz'ger Rohheit, und sein Wesen zwängt
Zu fremdem Schein: Der kann nicht schmeicheln, der! –
Ein ehrlich, grad Gemüt – spricht nur die Wahrheit! –
Geht's durch, nun gut; wenn nicht, – so ist er grade.
Ich kenne Schurken, die in solcher Gradheit

Mehr Arglist hüllen, mehr verruchten Plan,
Als zwanzig fügsam untertän'ge Schranzen,
Die schmeichelnd ihre Pflicht noch überbieten.

KENT. Gewiss, Herr, und wahrhaftig, – ganz im Ernst, –
Unter Vergünst'gung Eures hocherhabnen
Aspekts, des Einfluss wie der Strahlenkranz
Um Phöbus' Flammenstirn, –

CORNWALL. Was soll das heißen?

KENT. Dass ich aus meiner Redeweise fallen will, die Euch so wenig
behagt. Ich weiß, Herr, ich bin kein Schmeichler; wer Euch mit
graden Worten betrog, war gradehin ein Schurke, und das will ich
meines Teils nicht sein, sollt' ich auch Eu'r Missfallen so weit besie-
gen können, dass Ihr mich dazu auffordertet.

CORNWALL. Was tatst du ihm zuleid?

OSWALD. Herr! Nicht das Mind'ste:
Dem König, seinem Herrn, gefiel's vor Kurzem,
Aus einem Missverständnis, mich zu schlagen,
Worauf er gleich zur Hand, dem Zorne schmeichelnd,
Rücklings mich hinwarf; als ich lag, mich schimpfte,
Und nahm so große Heldenmiene an,
Dass diese Mannestat der König pries,
Weil er zu Leibe ging dem Unbewehrten: –
Und, noch verzückt von seinem Ritterwerk,
Zog er aufs neue hier.

KENT. Memmen und Schurken!
Tun sie nicht, als wär' Ajax ihr Narr!

CORNWALL. Holt mir die Blöcke, he!
Du alter Starrkopf, du weißbärt'ger Prahler,
Dich lehr' ich –

KENT. Herr, ich bin zu alt zum Lernen,
Holt nicht den Block für mich: Dem König dien' ich;
In seinem Auftrag ward ich abgesandt;
Zu wenig Ehrfurcht zeigt Ihr, zu viel Trotz
Gegen die Gnad' und Würde meines Herrn,
Tut Ihr das seinem Boten.

CORNWALL. Holt die Blöcke!
Auf Ehr' und Wort, bis Mittag soll er sitzen.

REGAN. Bis Mittag? Bis zur Nacht; die Nacht dazu! –

KENT. Nun, Lady, wär' ich Eures Vaters Hund,
Ihr solltet so mich nicht behandeln.

REGAN. Da Ihr sein Schurke seid, so will ich's.

CORNWALL. Der ist ein Kerl so recht von jener Farbe,
    Wie unsre Schwester schreibt. Kommt, bringt die Blöcke!

Die Fußblöcke werden gebracht.

GLOSTER. Lasst mich Euch bitten, Herr, dies nicht zu tun:
    Er ging zu weit; sein Herr, der gute König,
    Ahndet's gewiss: doch diese niedre Zücht'gung
    Ist solcher Art, wie man verworfnen Tross
    Für Mauserei'n und ganz gemeinen Unfug
    Bestraft; der König muss es schwer empfinden,
    Wird er so schlecht geehrt in seinem Boten,
    Dass man ihn also einzwängt.
CORNWALL. Das vertret' ich.
REGAN. Viel übler muss es meine Schwester deuten,
    Dass einer ihren Dienstmann schmäht und anfällt,
    Weil er ihr Wort befolgt. Schließt ihm die Beine!

Kent wird in den Block gelegt.

    Kommt, werter Lord!

Alle ab außer Gloster und Kent.

GLOSTER. Du tust mir leid, mein Freund; der Herzog will's,
    Des heft'ger Sinn bekanntlich keinen Einspruch
    Noch Hemmung duldet. Ich will für dich bitten.
KENT. Nein, tut's nicht, Herr: ich wacht' und reiste scharf.
    Fürs erste schlaf' ich was, dann kann ich pfeifen.
    Das Glück 'nes braven Kerls kommt wohl einmal
    Ins Stocken! Guten Morgen!
GLOSTER. Der Fürst tut Unrecht; übel wird man's deuten. *Ab.*
KENT. Du, guter König, machst das Sprichwort wahr:
    Du kommst jetzt aus dem Regen in die Traufe.
    Komm näher, leuchte dieser niedern Welt,
    Dass ich bei deinem heitern Strahl den Brief
    Durchlesen möge! – Wahrlich, nur das Elend
    Erfährt noch Wunder! Ich weiß, Cordelia schickt ihn,
    Die schon zum Glück von meinem dunkeln Leben
    Nachricht erhielt,

Liest.

    »– und sich die Zeit ersieht,
    Für diesen Gräuelzustand – Heilung suchend
    Den Übeln.« Ganz erschöpft und überwacht,
    Genießt den Vorteil, müde Augen, nicht,

Zu schaun dies schnöde Lager! Nun, Fortuna,
Gut' Nacht! Noch einmal lächl' und dreh' dein Rad!
Er schläft ein.

Dritte Szene

Edgar tritt auf.

EDGAR. Ich hörte mich geächtet,
Und durch die günst'ge Höhlung eines Baums
Entkam ich noch der Jagd. Kein Port ist frei,
Kein Platz, an dem nicht strenge Wacht und Sorgfalt
Mir nachstellt. Retten will ich mich, solang'
Ich noch entfliehn kann: und ich bin bedacht,
Den allertiefsten, ärmsten Schein zu borgen,
In dem die Not den Menschen je zum Vieh
Erniedrigt. Mein Gesicht schwärz' ich mit Schlamm,
Die Lenden schürz' ich, zaus' in Knoten all
Mein Haar, und mit entschlossner Nacktheit trotz' ich
Dem Sturm und den Verfolgungen der Luft.
Die Gegend beut Vorbild und Muster mir
An Tollhausbettlern, die mit hohler Stimme
In ihre nackten, tauben Arme schlagen
Holzpflöcke, Nägel, Splitter, Rosmarin,
Und in so grausem Anblick sich in Mühlen,
Schafhürden, armen Dörfern, Meiereien,
Bald mit mondsücht'gem Fluch, bald mit Gebet,
Mitleid erzwingen. Armer Turlygood! Armer Thoms! –
So bin ich etwas noch, – als Edgar nichts! – *Ab.*

Vierte Szene

Es treten auf Lear, der Narr und ein Ritter.

LEAR. Seltsam, vom Haus so weggehn und den Boten
    Mir nicht heimsenden!

RITTER. Wie ich dort erfuhr,
    War tags zuvor an diese Reis' hieher
    Noch kein Gedanke.

KENT. Heil dir, edler Herr! –

LEAR. Wie?
    Treibst du die Schmach zur Kurzweil?

KENT. Nein, Mylord.

NARR. Ha, ha! Der trägt grobe Kniegürtel! Pferde bindet man an den
    Köpfen, Hunde und Bären am Halse, Affen an den Lenden, und
    Menschen an den Beinen; wenn ein Mensch zu übermütig mit den
    Beinen gewesen ist, so muss er hölzerne Strümpfe tragen.

LEAR. Wer war's, der also dich misskannt, hieher
    Dich so zu werfen?

KENT. Beide, er und sie,
    Eu'r Sohn und Tochter.

LEAR. Nein.

KENT. Ja.

LEAR. Nein, sag' ich.

KENT. Ich sage ja.

LEAR. Nein, nein, sie würden nicht.

KENT. Ja, sie haben.

LEAR. Bei Jupiter schwör' ich, nein.

KENT. Bei Juno schwör' ich, ja.

LEAR. Sie durften's nicht;
    Sie konnten's, wagten's nicht; 's ist mehr als Mord,
    Die Ehrfurcht so gewaltsam zu verletzen: –
    Erklär' mir's in bescheidner Eil', wie hast du
    Verdient, wie haben sie verhängt die Schmach,
    Da du von uns kamst? –

KENT. Als in ihrem Hause
    Ich Eurer Hoheit Briefe übergab,
    Da, eh' ich aufstand von dem Platz, wo ich
    Gekniet in Demut, kam halb atemlos
    Ein Bote, dampfend heiß, und keucht' hervor
    Die Grüße seiner Herrin Goneril;

Gab – war ich gleich der Erste – seinen Brief,
Der flugs gelesen ward. Auf dessen Inhalt
Beriefen sie die Reis'gen, nahmen Pferde,
Hießen mich folgen und gelegentlich
Der Antwort warten; gaben kalte Blicke;
Und da ich hier den andern Boten traf,
Des Willkomm meinen, wie ich sah, vergiftet
(Derselbe Bube, der so frech sich neulich
Vergangen wider Eure Majestät), –
Mehr Manns als Urteils in mir fühlend, zog ich.
Er weckt' das Haus mit lautem, feigem Schrei;
Eu'r Sohn und Tochter fanden dies Vergehn
Wert, solche Schmach zu dulden.

NARR. Der Winter ist noch nicht vorbei, wenn die wilden Gänse nach
der Seite ziehen.

Gehn die Väter nackt,
So werden die Kinder blind;
Kommen sie geldbepackt,
Wie artig scheint das Kind.
Fortuna, die arge Hur',
Tut auf den Reichen nur.

Aber mit alledem werden dir deine lieben Töchter noch so viel auf-
zählen, dass du fürs ganze Jahr genug haben wirst.

LEAR. Oh, wie der Krampf mir auf zum Herzen schwillt! –
Hinab, aufsteigend Weh! Dein Element
Ist unten! Wo ist diese Tochter?

KENT. Beim Grafen, Herr, hier drinnen.

LEAR. Folgt mir nicht;
Bleibt hier! *Ab.*

RITTER. Versahst du mehr nicht, als was du erzählt?

KENT. Nein.
Wie kommt der König mit so kleiner Zahl?

NARR. Wärst du für die Frage in den Block gesetzt, so hätt'st du's
wohl verdient.

KENT. Warum, Narr?

NARR. Wir wollen dich zu einer Ameise in die Schule schicken, um
dich zu lehren, dass es im Winter keine Arbeit gibt. Alle, die ihrer
Nase folgen, werden durch ihre Augen geführt, bis auf die Blinden;
und gewiss ist unter zwanzigen nicht eine Nase, die den nicht röche,
der stinkt. Lass ja die Hand los, wenn ein großes Rad den Hügel
hinabrollt, damit dir's nicht den Hals breche, wenn du ihm folgst,

wenn aber das große Rad den Hügel hinaufgeht, dann lass dich's
nachziehen. Wenn dir ein Weiser einen besseren Rat gibt, so gib mir
meinen zurück; ich möchte nicht, dass andere als Schelmen ihm
folgten, da ein Narr ihn gibt.
Herr, wer Euch dient für Gut und Geld
Und nur gehorcht zum Schein,
Packt ein, sobald ein Regen fällt,
Lässt Euch im Sturm allein.
Doch ich bin treu; der Narr verweilt,
Lässt fliehn der Weisen Schar:
Der Schelm wird Narr, der falsch enteilt,
Der Narr kein Schelm fürwahr.
KENT. Wo hast du das gelernt, Narr?
NARR. Nicht im Block, Narr.

Lear kommt zurück mit Gloster.

LEAR. Verweigern mich zu sprechen? Sind krank, sind müde?
  Sie reisten scharf die Nacht? – Ausflüchte nur!
  Bilder von Abfall und Empörung! Geh,
  Schaff' mir 'ne bessre Antwort!
GLOSTER. Teurer Herr,
  Ihr kennt des Herzogs feurige Gemütsart,
  Wie unbeweglich und bestimmt er ist
  In seinem Sinn.
LEAR. Pest, Rache, Tod, Vernichtung!
  Was »feurig«? Was »Gemüt«? – Ha, Gloster, Gloster!
  Den Herzog Cornwall will ich sprechen und sein Weib.
GLOSTER. Nun wohl, mein teurer Herr, so sagt' ich's auch.
LEAR. So sagtest du's? Verstehst du mich auch, Mann?
GLOSTER. Ja, Herr!
LEAR. Der König will mit Cornwall sprechen,
  Der Vater, sieh, mit seiner Tochter sprechen,
  Befiehlt Gehorsam: Sagt'st du ihnen das?
  Mein Blut und Leben! – »Feurig«?
  Der »feur'ge« Herzog? Sagt dem heißen Herzog, dass –
  Doch nein, noch nicht – kann sein, er ist nicht wohl;
  Krankheit verabsäumt jeden Dienst, zu dem
  Gesundheit ist verpflichtet; wir sind nicht wir,
  Wenn die Natur, im Druck, die Seele zwingt,
  Zu leiden mit dem Körper. Ich will warten,
  Und ging zu weit in meinem raschen Mut,

43

Dass ich krankhafte, schwache Laune nahm
Für den gesunden Mann.

Sieht nach Kent.

O Höll' und Tod!
Warum sitzt dieser hier? – Ha, dies bezeugt,
Des Herzogs Weggehn und das ihre sei
Nur Hinterlist! Gebt mir den Diener los; –
Geht, sagt dem Herzog und seinem Weib, ich wollte
Sie sprechen, jetzt, alsbald; heiß' sie erscheinen,
Sonst schlag' ich an der Kammertür die Trommel,
Bis sie den Schlaf zu Tod geschreckt.

GLOSTER. Wär' alles gut doch zwischen euch! *Ab.*
LEAR. Weh mir, mein Herz! Mein schwellend Herz! – Hinunter!
NARR. Ruf' ihm zu, Gevatter, wie die alberne Köchin den Aalen, als sie
sie lebendig in die Pastete tat; sie schlug ihnen mit einem Stecken auf
die Köpfe und rief: »Hinunter, ihr Gesindel, hinunter!« Ihr Bruder
war's, der aus lauter Güte für sein Pferd ihm das Heu mit Butter
bestrich.

Cornwall, Regan, Gloster und Gefolge treten auf.

LEAR. Guten Morgen euch beiden!
CORNWALL. Heil Euch, gnäd'ger Herr!

Kent wird losgemacht.

REGAN. Ich bin erfreut, Eu'r Majestät zu sehn.
LEAR. Regan, ich denk', du bist's, und weiß die Ursach',
Warum ich's denke, wärst du nicht erfreut,
Ich schiede mich von deiner Mutter Grab,
Weil's eine Ehebrecherin verschlösse.

Zu Kent.

Oh, bist du frei?
Ein andermal davon.

Kent ab.

Geliebte Regan,
Deine Schwester taugt nicht! – Oh, sie band mir, Regan,
Scharfzahn'gen Undank, gleich dem Geier hier –

Auf sein Herz zeigend.

Ich kann kaum sprechen – nimmer wirst du's glauben,
Mit wie entartetem Gemüt, – o Regan!

REGAN. Ich bitt' Euch, habt Geduld: ich hoffe, minder
    Wisst Ihr zu schätzen ihren Wert, als sie
    Von ihrer Pflicht zu weichen.
LEAR. Wie war das?
REGAN. Ich kann nicht denken, dass sie nur im kleinsten
    Gefehlt in ihrer Pflicht. Hat sie vielleicht
    Gehemmt den Unfug Eures Schwarms, Mylord,
    So war's auf solchen Grund und guten Zweck,
    Dass sie kein Tadel trifft.
LEAR. Mein Fluch auf sie!
REGAN. O Mylord, Ihr seid alt,
    Natur in Euch steht auf der letzten Neige
    Ihres Bezirks; Euch sollt' ein kluger Sinn,
    Der Euern Zustand besser kennt als Ihr,
    Zügeln und lenken: darum bitt' ich Euch,
    Kehrt heim zu unsrer Schwester; sagt ihr, Herr,
    Ihr kränktet sie.
LEAR. Ich ihr Verzeihn erbitten?
    Fühlst du denn wohl, wie dies dem Hause ziemt?
    »Liebe Tochter, ich bekenn' es, ich bin alt;

Er kniet.

    Alter ist unnütz; auf den Knien bitt' ich:
    Gewähre mir Bekleidung, Kost und Bett!«
REGAN. Lasst ab, Herr! Das sind törichte Gebärden.
    Kehrt heim zu meiner Schwester!
LEAR *erhebt sich.* Nimmermehr!
    Halb mein Gefolge hat sie mir genommen,
    Mich finster angeblickt, mit ihrer Zunge
    Recht schlangenartig mir ins Herz gestochen.
    Des Himmels aufgehäufte Rache fall'
    Auf ihr undankbar Haupt; du fah'nde Luft,
    Schlage mit Lähmung ihre jungen Glieder!
CORNWALL. Pfui, pfui, pfui!
LEAR. Du jäher Blitz, flamm' in ihr stolzes Auge
    Dein blendend Feu'r! Verpestet ihre Schönheit,
    Sumpfnebel, die der Sonne Macht gebrütet,
    Welkt und vernichtet ihren Stolz!
REGAN. O Götter!
    Das wünscht Ihr einst auch mir, wenn rascher Zorn –
LEAR. Nein, Regan, nie empfängst du meinen Fluch:
    Dein zart gestimmtes Herz gibt nimmer dich

Der Rauheit hin; ihr Auge sticht, doch deins
Tut wohl und brennt nicht; nimmer könnt'st du grollen
Bei meiner Freude, mein Gefolg' vermindern,
Mit herbem Zank mein Ausgesetztes schmälern,
Und endlich gar mit Kett' und Riegel mir
Den Eintritt wehren; nein, du lerntest besser
Die Pflichten der Natur, der Kindschaft Band,
Der Ehrfurcht Zoll, die Schuld der Dankbarkeit;
Du hast des Reiches Hälfte nicht vergessen,
Womit ich dich beschenkt;
REGAN. Nun, Herr, zur Sache!
LEAR. Wer setzte meinen Diener in den Stock?

Trompeten drinnen. Der Haushofmeister tritt auf.

CORNWALL. Was für Trompeten?
REGAN. Ich weiß es, meiner Schwester; denn sie schreibt mir
Ihr schleunig Kommen.

Zum Haushofmeister.

Ist deine Herrin da?
LEAR. Das ist ein Sklav', des leicht geborgter Stolz
In seiner Herrschaft flücht'ger Gnade wohnt;
Geh, Schuft, mir aus dem Auge! –
CORNWALL. Was meint Eu'r Gnaden?

Goneril kommt.

LEAR. Wer blockte meinen Diener? Regan, ich hoffe,
Du wusstest nicht darum. – Wer kommt da? O ihr Götter!
Wenn ihr die Alten liebt, eu'r milder Szepter
Gehorsam heiligt, wenn ihr selber alt seid,
Macht es zu eurem Streit; sprecht, zeugt für mich! –

Zu Goneril.

Schämst du dich nicht, auf diesen Bart zu sehn?
O Regan! Kannst du bei der Hand sie fassen?
GONERIL. Warum nicht bei der Hand? Was fehlt' ich denn?
Nicht alles ist ja Fehl, was Torheit meint
Und Aberwitz so nennt.
LEAR. Ihr Sehnen seid zu starr,
Noch reißt ihr nicht? – Wie kam der in den Block?
CORNWALL. Ich ließ ihn schließen, Herr; doch seine Unart
Verdiente mindern Glimpf.
LEAR. Ihr? Tatet Ihr's?

REGAN. Hört, Vater, da Ihr schwach seid, scheint es auch!
  Wollt bis zum Ablauf Eures Monats Ihr
  Zurückgehn, bei der Schwester wohnen: dann,
  Halb Euren Zug entlassend, kommt zu mir!
  Ich bin jetzt fern vom Haus und nicht versehn,
  Wie es sich ziemt, für Euern Unterhalt.
LEAR. Zurück zu ihr? Und fünfzig Mann entlassen?
  Nein, eh'r verschwör' ich alles Dach, und lieber
  Setz' ich mich aus der Tyrannei der Luft,
  Und will Kam'rad mit Wolf und Eule werden.
  O scharfer Zahn der Not! – Zurück zu ihr?
  Der heiße Frankreich, der mein jüngstes Kind
  Ohn' Erbgut nahm, – so leicht zwäng' ich mich wohl,
  An seinem Throne kniend, wie ein Knecht,
  Ein ärmlich Brot und Jahrgeld zu erbetteln.
  Zurück zu ihr? – Verlange lieber noch,
  Dass Sklav' ich werd' und Saumtier diesem Schuft!

Deutet auf den Oswald.

GONERIL. Wie's Euch beliebt.
LEAR. Ich bitt' dich, Tochter, mach' mich nicht verrückt!
  Ich will dir nicht zur Last sein; Kind, leb wohl!
  Wir woll'n uns nicht mehr treffen, nicht mehr sehn.
  Und doch bist du mein Fleisch, mein Blut, mein Kind;
  Nein, eine Krankheit eh'r in meinem Fleisch,
  Die mein ich nennen muss; bist eine Beule,
  Ein Pestauswuchs, ein schwellender Karfunkel
  In meinem kranken Blut. Doch will ich dich nicht schelten;
  Scham komme, wenn sie will, ich ruf' ihr nicht:
  Ich heiße nicht den Donnerträger schleudern,
  Noch schwatz' ich aus von dir vor Jovis Thron; –
  Geh in dich, ganz nach Muße bessre dich; –
  Ich hab' Geduld, ich kann bei Regan bleiben,
  Ich und die hundert Ritter.
REGAN. Nicht so ganz! –
  Ich zählte nicht auf Euch, bin nicht gerüstet,
  Euch zu empfangen; hört die Schwester, Herr!
  Denn wer Eu'r Zürnen mit Vernunft betrachtet,
  Muss sich doch sagen: Ihr seid alt, und so, –
  Doch sie weiß, was sie tut.
LEAR. Ist dies nun gut gesprochen?

REGAN. Ich darf's behaupten, Herr. Was, fünfzig Ritter?
Ist's nicht genug? Wozu bedürft Ihr mehr?
Wozu selbst diese, da Gefahr und Last
So viele widerrät? Kann so viel Volk
In einem Haus, bei zweierlei Befehl,
In Freundschaft stehn? 's ist schwer, beinah' unmöglich.
GONERIL. Was braucht Ihr, Herr, noch andre Dienerschaft,
Als meiner Schwester Leute, oder meine? –
REGAN. Jawohl, Mylord; wenn die nachlässig wären,
Bestraften wir sie dann. Kommt Ihr zu mir
(Denn jetzt seh' ich Gefahr), so bitt' ich Euch,
Bringt mir nur fünfundzwanzig; denn nicht mehr
Kann ich herbergen oder zugestehn.
LEAR. Ich gab euch alles –
REGAN. Und zur rechten Zeit.
LEAR. Macht' euch zu meinen Pflegern und Verwaltern;
Nur diese Anzahl zum Gefolge mir
Behielt ich vor. Was, muss ich zu dir kommen
Mit fünfundzwanzig, Regan? Sagst du so?
REGAN. Und sag' es noch einmal, Mylord: nicht mehr!
LEAR. Solch ruchlos Wesen sieht doch hübsch noch aus,
Sind andre noch ruchloser; nicht die Schlimmste
Zu sein, ist dann wie Lob: –

Zu Goneril.

Ich geh' mit dir;
Dein fünfzig macht doch zweimal fünfundzwanzig,
Und du bist zweifach ihre Liebe.
GONERIL. Hört mich:
Was braucht Ihr fünfundzwanzig, zehn, ja fünf?
In einem Haus, wo Euch zweimal so viel
Zu Diensten stehn?
REGAN. Was braucht Ihr einen nur?
LEAR. Oh, streite nicht, was nötig sei. Der schlechtste Bettler
Hat bei der größten Not noch Überfluss.
Gib der Natur nur das, was nötig ist,
So gilt des Menschen Leben wie des Tiers.
Du bist 'ne Edelfrau;
Wenn warm gekleidet gehn schon prächtig wäre,
Nun, der Natur tut deine Pracht nicht not,
Die kaum dich warmhält; – doch für wahre Not –
Gebt, Götter, mir Geduld, Geduld tut not! –

Ihr seht mich hier, 'nen armen, alten Mann,
Gebeugt durch Gram und Alter, zwiefach elend! –
Seid ihr's, die dieser Töchter Herz empört
Wider den Vater, narrt mich nicht so sehr,
Es zahm zu dulden; weckt mir edeln Zorn!
O lasst nicht Weiberwaffen, Wassertropfen,
Des Mannes Wang' entehren! – Nein, ihr Teufel,
Ich will mir nehmen solche Rach' an euch,
Dass alle Welt – will solche Dinge tun –
Was, weiß ich selbst noch nicht; doch soll'n sie werden
Das Grau'n der Welt. Ihr denkt, ich werde weinen?
Nein, weinen will ich nicht.
Wohl hab' ich Fug zu weinen; doch dies Herz

Sturm und Gewitter.

Soll eh' in hunderttausend Scherben splittern,
Bevor ich weine. – O Narr, ich werde rasend! –

Lear, Gloster, Kent und der Narr gehen ab.

CORNWALL. Gehn wir hinein, es kommt ein Sturm.
REGAN. Das Haus ist klein, es fasst den Alten nicht
     Und sein Gefolg'.
GONERIL. 's ist seine Schuld, er nahm sich selbst die Ruh';
     Nun büßt er seine Torheit.
REGAN. Was ihn betrifft, ihn nehm' ich gerne auf;
     Doch keinen seines Zugs.
GONERIL. So denk' ich auch. –
     Wo ist Mylord von Gloster?
CORNWALL. Er ging dem Alten nach;

Gloster kommt zurück.

     Dort kommt er wieder.
GLOSTER. Der König ist in Wut.
CORNWALL. Wo geht er hin?
GLOSTER. Er will zu Pferd', doch weiß ich nicht, wohin.
CORNWALL. Man lasse den, der selbst sich führen will.
GONERIL. Mylord, ersucht ihn ja nicht, hier zu bleiben!
GLOSTER. O Gott, die Nacht bricht ein, der scharfe Wind
     Weht schneidend; viele Meilen rings umher
     Ist kaum ein Busch.
REGAN. O Herr, dem Eigensinn
     Wird Ungemach, das er sich selber schafft,

Der beste Lehrer. Schließt des Hauses Tor:
Er hat verwegne Diener im Gefolg';
Wozu ihn die anhetzen, da so leicht
Sein Ohr betört wird, das muss Vorsicht scheun.
CORNWALL. Schließt Eure Pforte, Herr; die Nacht ist schlimm,
Und Regan rät uns gut. Kommt aus dem Sturm!

Sie gehen ab.

Dritter Aufzug
Erste Szene

Immer noch Sturm. Kent und ein Ritter von verschiedenen Seiten treten auf.

KENT. Wer ist da, außer schlechtem Wetter?
RITTER. Ein Mann, gleich diesem Wetter, höchst bewegt.
KENT. Ich kenn' Euch; wo ist der König?
RITTER. Im Kampf mit dem erzürnten Element.
Er heißt dem Sturm die Erde wehn ins Meer,
Oder die krause Flut das Land ertränken,
Dass alles wandle oder untergeh';
Rauft aus sein weißes Haar, das wüt'ge Windsbraut
Mit blindem Grimm erfasst und macht zu nichts.
Er will in seiner kleinen Menschenwelt
Des Sturms und Regens Wettkampf übertrotzen.
In dieser Nacht, wo bei den Jungen gern
Die ausgesogne Bärin bleibt, der Löwe
Und hungergrimm'ge Wolf gern trocken halten
Ihr Fell, rennt er mit unbedecktem Haupt
Und heißt, was immer will, hinnehmen alles.
KENT. Doch wer ist mit ihm?
RITTER. Der Narr allein, der wegzuscherzen strebt
Sein herzerschütternd Leid.
KENT. Ich kenn' Euch, Herr,
Und wag' es, auf die Bürgschaft meiner Kunde,
Euch Wicht'ges zu vertraun. Es trennt ein Zwiespalt –
Wiewohl sie noch den Schein davon verhüllen
In gleicher List – Albanien und Cornwall.
Sie haben – so wie jeder, den sein Stern

Erhob und krönte – Diener, treu zum Schein,
Die heimlich Frankreichs Spione sind und Wächter;
Belehrt von unserm Zustand, allen Händeln
Und Zänkerei'n der Fürsten; von
Dem schweren Joch, das beide auferlegt
Dem alten König; von noch tiefern Dingen,
Wozu vielleicht dies nur ein Vorspiel war: –
Doch ist's gewiss, von Frankreich kommt ein Heer
In dies zerrissne Reich, das schon, mit Klugheit
Benutzend unsre Säumnis, heimlich fußt
In unsern besten Häfen und alsbald
Sein Banner frei entfaltet. Nun für Euch:
Wagt Ihr's, so fest zu bauen auf mein Wort,
Dass Ihr nach Dover gleich enteilt, so findet
Ihr jemand, der's Euch dankt, erzählt Ihr treu,
Welch unnatürlich sinnverwirrend Leid
Des Königs Klage weckt.
Ich bin ein Edelmann von altem Blut,
Und weil ich Euch als zuverlässig kenne,
Vertrau' ich Euch dies Amt.
RITTER. Ich werd' Euch weiter sprechen.
KENT. Nein, das nicht –
Und zur Bestät'gung, ich sei Größres als
Mein äußrer Schein, empfangt die Börs' und nehmt,
Was sie enthält. Wenn Ihr Cordelia seht –
Und daran zweifelt nicht –, zeigt ihr den Ring,
Und nennen wird sie Euch den Freund, des Namen
Euch jetzt noch unbekannt. Hu, welch ein Sturm! –
Ich will den König suchen.
RITTER. Gebt mir die Hand: Habt Ihr nicht mehr zu sagen?
KENT. Nicht viel, doch, in der Tat, das Wichtigste:
Dies, wenn den König wir gefunden – Ihr
Geht diesen Weg, ich jenen –, wer zuerst
Ihn antrifft, ruf's dem andern zu.

Sie gehen nach verschiedenen Seiten ab.

Zweite Szene

Fortdauernd Ungewitter. Es treten auf Lear und der Narr.

LEAR. Blast, Wind', und sprengt die Backen! Wütet, Blast! –
Ihr Katarakt' und Wolkenbrüche, speit,
Bis ihr die Türm' ersäuft, die Hähn' ertränkt!
Ihr schweflichen, gedankenschnellen Blitze,
Vortrab dem Donnerkeil, der Eichen spaltet,
Versengt mein weißes Haupt! Du Donner schmetternd,
Schlag' flach das mächt'ge Rund der Welt; zerbrich
Die Formen der Natur, vernicht' auf eins
Den Schöpfungskeim des undankbaren Menschen!

NARR. Ach, Gevatter, Hofweihwasser in einem trocknen Hause ist besser, als dies Regenwasser draußen. Lieber Gevatter, hinein und bitt' um deiner Töchter Segen: Das ist 'ne Nacht, die sich weder des Weisen noch des Toren erbarmt.

LEAR. Rassle nach Herzenslust! Spei', Feuer! Flute, Regen!
Nicht Regen, Wind, Blitz, Donner sind meine Töchter:
Euch schelt' ich grausam nicht, ihr Elemente:
Euch gab ich Kronen nicht, nannt' euch nicht Kinder,
Euch bindet kein Gehorsam; darum büßt
Die grause Lust: Hier steh' ich, euer Sklav',
Ein alter Mann, arm, elend, siech, verachtet:
Und dennoch knecht'sche Helfer nenn' ich euch,
Die ihr im Bund mit zwei verruchten Töchtern
Türmt eure hohen Schlachtreihen auf ein Haupt
So alt und weiß als dies. Oh, oh, 's ist schändlich! –

NARR. Wer ein Haus hat, seinen Kopf hineinzustecken, der hat einen guten Kopflatz.
Wenn Hosenlatz will hausen,
Eh' Kopf ein Dach geschafft,
Wird Kopf und Latz verlausen,
Solch Frein ist bettelhaft.
Und willst du deinen Zeh',
Du Tropf, zum Herzen machen,
Schreist übern Leichdorn weh,
Statt schlafen wirst du wachen.
– denn noch nie gab's ein hübsches Kind, das nicht Gesichter vorm Spiegel schnitt.

Kent tritt als Caius verkleidet auf.

LEAR. Nein! Ich will sein ein Muster aller Langmut, ich will nichts
sagen.

KENT. Wer da?

NARR. Nun, hier ist Gnade und ein Hosenlatz; das heißt: ein Weiser
und ein Narr.

KENT. Ach, seid Ihr hier, Mylord? Was sonst die Nacht liebt,
Liebt solche Nacht doch nicht: – des Himmels Zorn
Scheucht selbst die Wanderer der Finsternis
In ihre Höhlen. Seit ich ward zum Mann,
Erlebt' ich nimmer solchen Feuerguss,
Solch Krachen grausen Donners, solch Geheul
Des brüll'nden Regensturms: kein menschlich Wesen
Erträgt solch Leid und Grau'n. –

LEAR. Jetzt, große Götter,
Die ihr so wild ob unsern Häuptern wettert,
Sucht eure Feinde auf: Zittre, du Frevler,
Auf dem verborgne Untat ruht, vom Richter
Noch ungestraft! – Versteck' dich, blut'ge Hand;
Meineid'ger Schalk, und du, o Tugendheuchler,
Der in Blutschande lebt! Zerscheitre, Sünder,
Der unterm Mantel frommer Ehrbarkeit
Mord stiftete! Ihr tief verschlossnen Gräuel,
Sprengt den verhüll'nden Zwinger, fleht um Gnade
Die grausen Mahner! – Ich bin ein Mann, an dem
Man mehr gesündigt, als er sündigte.

KENT. O Gott, mit bloßem Haupt! –
Mein gnäd'ger Herr, nah bei ist eine Hürde,
Die bietet etwas Schutz doch vor dem Sturm;
Ruht dort, indes ich in dies harte Haus –
Weit härter als der Stein, aus dem's erbaut,
Das eben jetzt, als ich nach Euch gefragt,
Mir schloss die Tür – zurückgeh' und ertrotze
Ihr karges Mitleid.

LEAR. Mein Geist beginnt zu schwindeln.
Wie geht's, mein Junge? Komm, mein Junge! Friert dich?
Mich selber friert. Wo ist die Streu, Kam'rad?
Die Kunst der Not ist wundersam; sie macht
Selbst Schlechtes köstlich. Nun zu deiner Hürde! –
Du armer Schelm und Narr, mir blieb ein Stückchen
Vom Herzen noch, und das bedauert dich.

NARR *singt.*

> Wem der Witz nur schwach und gering bestellt,
> Hop heisa bei Regen und Wind,
> Der füge sich still in den Lauf der Welt,
> Denn der Regen, der regnet jeglichen Tag.

LEAR. Wahr, lieber Junge. – Kommt, zeigt uns die Hürde!

Mit Kent ab.

NARR.

> Das ist 'ne hübsche Nacht, um eine Buhlerin abzukühlen. Ich will
> eine Prophezeiung sprechen, eh' ich gehe:
> Wenn Priester Worte, nicht Werke häufen,
> Wenn Brauer in Wasser ihr Malz ersäufen,
> Wenn der Schneider den Junker Lehrer nennt,
> Kein Ketzer mehr, nur der Buhler brennt,
> Wenn Richter ohne Falsch und Tadel,
> Wenn ohne Schulden Hof und Adel,
> Wenn Läst'rung nicht auf Zungen wohnt,
> Der Gauner des Nächsten Beutel schont,
> Wenn die Wuch'rer ihr Gold im Felde beschaun,
> Und Huren und Kuppler Kirchen baun,
> Dann kommt das Reich von Albion
> In große Verwirrung und Konfusion:
> Dann kommt die Zeit, wer's lebt zu sehn,
> Dass man mit Füßen pflegt zu gehn.
> Diese Prophezeiung wird Merlin machen, denn ich lebe vor seiner
> Zeit. – *Ab.*

Dritte Szene

Es treten auf Gloster und Edmund.

GLOSTER. O Gott! Edmund, diese unnatürliche Begegnung gefällt
mir nicht. Als ich sie um Erlaubnis bat, mich seiner erbarmen zu
dürfen, da verboten sie mir den Gebrauch meines eignen Hauses,
befahlen mir bei Strafe ihrer ewigen Ungnade, weder von ihm zu
sprechen, für ihn zu bitten, noch ihn auf irgendeine Weise zu unterstützen.

EDMUND. Höchst grausam und unnatürlich!

GLOSTER. Nun, nun, sage nichts! Es ist ein Zwiespalt zwischen
den beiden Herzogen, und Schlimmeres als das: ich erhielt diesen

Abend einen Brief – es ist gefährlich, davon zu reden; ich verschloss den Brief in meinem Kabinett. Die Kränkungen, die der König jetzt duldet, werden schwer geahndet werden; ein Teil des Heeres ist schon gelandet, und wir müssen mit dem König halten. Ich will ihn aufsuchen und ihn heimlich unterstützen. Geh du und unterhalte ein Gespräch mit dem Herzoge, damit er diese Teilnahme nicht bemerke. Wenn er nach mir fragt, bin ich krank und zu Bett gegangen. Und sollte es mein Tod sein (wie mir denn nichts Geringeres gedroht ist), dem König, meinem alten Herrn, muss geholfen werden. Es sind seltsame Dinge im Werk; Edmund, ich bitte dich, sei behutsam! *Ab.*

EDMUND. Den Eifer, mit Vergunst, meld' ich sogleich
    Dem Herzog, und von jenem Brief dazu.
    Dies scheint ein groß Verdienst und soll mir lohnen
    Mit meines Vaters Raub, den Gütern allen:
    Die Jungen steigen, wenn die Alten fallen. *Ab.*

Vierte Szene

Es treten auf Lear, Kent und der Narr.

KENT. Hier ist's, Mylord; o geht hinein, Mylord!
    Die Tyrannei der offnen rauen Nacht
    Hält die Natur nicht aus.

Fortdauernder Sturm.

LEAR. Lass mich zufrieden!
KENT. Ich bitt' Euch, kommt!
LEAR. Willst du das Herz mir brechen?
KENT. Mein eignes eh'r. O geht hinein, mein König!
LEAR. Dir dünkt es hart, dass dieser wüt'ge Sturm
    Uns bis zur Haut durchdringt: so ist es dir;
    Doch wo die größre Krankheit Sitz gefasst,
    Fühlt man die mindre kaum. Du fliehst den Bären;
    Doch führte dich die Flucht zur brüll'nden See,
    Liefst du dem Bären in den Schlund. Ist frei der Geist,
    Dann fühlt der Körper zart. Der Sturm im Geist
    Raubt meinen Sinnen jegliches Gefühl,
    Nur das bleibt, was hier wühlt – Undank des Kindes!
    Als ob der Mund zerfleischte diese Hand,
    Weil sie ihm Nahrung bot! Schwer will ich strafen! –

Nicht will ich weinen mehr. In solcher Nacht
Mich auszusperrn! Gieß fort; ich will's erdulden. –
In solcher Nacht, wie die! O Regan, Gon'ril! –
Euren alten, guten Vater, des freies Herz
Euch alles gab, – oh, auf dem Weg liegt Wahnsinn! –
Nein, dahin darf ich nicht: nichts mehr davon!

KENT. Mein guter König, geht hinein!

LEAR. Bitt' dich, geh du hinein, sorg' für dich selbst!
Der Sturm erlaubt nicht, Dingen nachzusinnen,
Die mehr mich schmerzen. Doch ich geh' hinein,

Zum Narren.

Geh, Bursch, voran! – Du Armut ohne Dach, –
Nun, geh doch! Ich will beten und dann schlafen.

Der Narr ab.

Ihr armen Nackten, wo ihr immer seid,
Die ihr des tück'schen Wetters Schläge duldet,
Wie soll eu'r schirmlos Haupt, hungernder Leib,
Der Lumpen offne Blöß' euch Schutz verleihn
Vor Stürmen, so wie der? Oh, daran dacht' ich
Zu wenig sonst! – Nimm Arzenei, o Pomp!
Gib preis dich, fühl' einmal, was Armut fühlt,
Dass du hinschütt'st für sie dein Überflüss'ges
Und rettest die Gerechtigkeit des Himmels!

EDGAR *drinnen.* Anderthalb Klafter! Anderthalb Klafter! Armer
Thoms!

Narr läuft aus der Hütte.

NARR. Geh nicht hinein, Gevatter! Hier ist ein Geist! Hilfe! Hilfe!

KENT. Gib mir die Hand! – Wer ist da?

NARR. Ein Geist, ein Geist! Er sagt, er heiße armer Thoms.

KENT. Wer bist du, der im Stroh hier murmelt? Komm heraus!

Edgar tritt auf als Wahnwitziger.

EDGAR. Hinweg! Der böse Feind verfolgt mich. Durch scharfen Ha-
gedorn saust der kalte Wind. Hu! Geh in dein kaltes Bett und wärme dich!

LEAR. Wie? Gabst du alles deinen beiden Töchtern? Und kamst du
so herunter?

EDGAR. Wer gibt dem armen Thoms was? – den der böse Feind durch
Feuer und durch Flammen geführt hat, durch Flut und Strudel,
über Moor und Sumpf, der ihm Messer unters Kissen gelegt hat und

Schlingen unter seinen Stuhl; der ihm Rattengift in die Suppe tat, der ihm Hoffart eingab, auf einem braunen, trabenden Roß über vier Zoll breite Stege zu reiten und seinem eigenen Schatten, wie einem Verräter, nachzujagen. Gott schütze deine fünf Sinne! Thoms friert. O de de de de de! – Gott schütze dich vor Wirbelwinden, vor bösen Sternen und Seuchen! Gebt dem armen Thoms ein Almosen, den der böse Feind heimsucht: Hier könnt' ich ihn jetzt haben, und hier – und da, – und hier wieder, – und hier. –

Immerwährend Ungewitter.

LEAR. Was, brachten ihn die Töchter in solch Elend?Konnt'st du nichts retten? Gabst du alles hin?

NARR. Nein, er behielt ein Laken, sonst müssten wir uns alle schämen.

LEAR. Nun, jede Seuche, die die Luft zur Strafe der Sünder herbergt, stürz' auf deine Töchter!

KENT. Herr! Er hat keine Töchter! –

LEAR. Ha, Tod, Rebell! Nichts beugte die Natur
Zu solcher Schmach, als undankbare Töchter. –
Ist's Mode jetzt, dass weggejagte Väter
So wüten müssen an dem eignen Fleisch?
Sinnreiche Strafe! Zeugte doch dies Fleisch
Diese Pelikan-Töchter.

EDGAR. Pillicock saß auf Pillicocks Berg. Hallo, hallo, hallo!

NARR. Diese kalte Nacht wird uns alle zu Narren und Tollen machen.

EDGAR. Hüte dich vor dem bösen Feind; gehorch' deinen Eltern; halte dein Wort; fluche nicht; verführe nicht deines Nächsten verlobte Braut; stelle deine Sache nicht auf eitle Pracht; – Thoms friert! –

LEAR. Was bist du gewesen?

EDGAR. Ein Verliebter, stolz an Herz und Sinn, der sein Haar kräuselte, Handschuh' an seiner Kappe trug, den Lüsten seiner Gebieterin frönte, und das Werk der Finsternis mit ihr trieb. Ich schwur so viel Eide, als ich Worte redete, und brach sie im holden Angesicht des Himmels; schlief ein in Gedanken der Wollust und erwachte, sie auszuführen; den Wein liebte ich kräftig, die Würfel heftig, und mit den Weibern übertraf ich den Großtürken; falsch von Herz, leicht von Ohr, blutig von Hand; Schwein in Faulheit, Fuchs im Stehlen, Wolf in Gier, Hund in Tollheit, Löwe in Raubsucht. Lass nicht das Knarren der Schuhe, noch das Rascheln der Seide dein armes Herz den Weibern verraten! Halte deinen Fuß fern von Bordellen, deine Hand von Schürzen, deine Feder von Schuldbüchern, und trotze dem bösen Feind! Immer noch durch den Hagdorn saust der kalte Wind; ruft Summ, Mum: – Heinonino, Dauphin, mein Junge, hurra! Lass ihn vorbei!

Anhaltendes Ungewitter.

LEAR. Nun, dir wäre besser in deinem Grabe, als so mit unbedecktem Leib dieser Wut der Lüfte begegnen. Ist der Mensch nicht mehr als das? – Betracht' ihn recht! Du bist dem Wurm keine Seide schuldig, dem Tier kein Fell, dem Schaf keine Wolle, der Katze keinen Bisam. Ha, drei von uns sind überkünstelt: Du bist das Ding selbst; der natürliche Mensch ist nichts mehr, als solch ein armes, nacktes, zweizinkiges Tier wie du. Fort, fort, ihr Zutaten! – Kommt, knöpft mich auf!

Er reißt sich die Kleider ab.

NARR. Ich bitt' dich, Gevatter, lass gut sein; das ist eine garstige Nacht zum Schwimmen. Jetzt wär' ein kleines Feuer auf einer wüsten Heide wie eines alten Buhlers Herz; ein kleiner Funke, und der ganze übrige Körper kalt.

Gloster mit einer Fackel tritt auf.

Seht, hier kommt ein wandelndes Feuer.

EDGAR. Das ist der böse Feind Flibbertigibbet; er kommt mit der Abendglocke und geht um bis zum ersten Hahnenschrei; er bringt den Star und den Schwind, macht das Auge schielend und schickt Hasenscharten, verschrumpft den weißen Weizen und quält die arme Kreatur auf Erden:
Sankt Withold ins Feld dreimal wollt' schreiten:
Kommt die Nachtmähr' und ihre neun Füllen von Weitem;
Da dräut er gleich:
Entweich'! Entweich'!
Und trolle dich, Alp, und troll' dich!

KENT. Wie geht's, mein König?

LEAR. Wer ist der?

KENT. Wer da? Wenn sucht Ihr?

GLOSTER. Wer seid ihr? Eure Namen? –

EDGAR. Der arme Thoms, der den schwimmenden Frosch isst, die Kröte, die Unke, den Kellermolch und den Wassermolch; der in der Wut seines Herzens, wenn der böse Feind tobt, Kuhmist für Salat isst, die alte Ratte verschlingt und den toten Hund; den grünen Mantel des stehenden Pfuhls trinkt; gepeitscht wird von Kirchspiel zu Kirchspiel und in die Eisen gesteckt, gestäupt und eingekerkert;

der drei Kleider hatte für seinen Rücken, sechs Hemden für seinen
Leib, zum Reiten ein Pferd, zum Tragen ein Schwert: –
Doch Mäus' und Ratten und solch Getier
Aß Thoms sieben Jahr lang für und für.
Hütet euch vor meinem Verfolger! Still, Smolkin, still, du böser
Feind! –

GLOSTER. Wie, gnäd'ger Herr! Nicht bessere Gesellschaft?

EDGAR. Der Fürst der Finsternis ist ein Edelmann, Modo heißt er
und Mahu.

GLOSTER. Ach, unser Fleisch und Blut, Herr, ward so schlecht,
Dass es die hasst, die es erzeugt. –

EDGAR. Thoms friert! –

GLOSTER. Kommt mit mir, meine Treu' erträgt es nicht,
Zu folgen Eurer Töchter hartem Willen;
Befahlen sie mir gleich, die Tür zu schließen,
Euch preis zu geben der tyrann'schen Nacht:
Doch hab' ich's drauf gewagt, Euch auszuspähn,
Und führ' Euch hin, wo Mahl bereit und Feuer.

LEAR. Erst red' ich noch mit diesem Philosophen:
Woher entsteht der Donner?

KENT. Mein teurer Herr! Nehmt seinen Vorschlag an,
Geht in das Haus!

LEAR. Ein Wort mit diesem kundigen Thebaner: –
Was ist dein Studium?

EDGAR. Den Teufel fliehn und Ungeziefer töten.

LEAR. Ein Wort mit Euch noch insgeheim!

KENT. Drängt ihn noch einmal, mitzugehn, Mylord!
Sein Geist beginnt zu schwärmen.

GLOSTER. Kannst du's tadeln?

Das Ungewitter dauert fort.

Die Töchter suchen seinen Tod. Das sagt'st du
Voraus, du guter Kent! Du armer Flüchtling!
Du fürcht'st, der König wird verrückt; glaub' mir,
Fast bin ich's selber auch: Ich hatt' 'nen Sohn,
Verstoßen jetzt, er stand mir nach dem Leben
Erst neulich, eben jetzt: – ich liebt' ihn, Freund,
Mehr liebt' kein Vater je; ich sage dir,
Der Gram zerstört den Geist mir. Welche Nacht! –
Ich bitt' Eu'r Hoheit –

LEAR. Oh, verzeiht;
Mein edler Philosoph, begleitet uns!

EDGAR. Thoms friert.

GLOSTER. Hinein, Bursch, in die Hütte, halt' dich warm!

LEAR. Kommt all hinein!

KENT. Hierher, Mylord!

LEAR. Mit ihm;
Ich bleibe noch mit meinem Philosophen.

KENT. Willfahrt ihm, Herr, gebt ihm den Burschen mit!

GLOSTER. So nehmt ihn mit!

KENT. Du folg' uns! Komm mit uns!

LEAR. Komm, mein Athener!

GLOSTER. Nicht viel Worte, still! –

EDGAR. Herr Roland kam zum finstern Thurn,
Sein Wort war stets: »Seid auf der Hut,
Ich wittr', ich wittre Britenblut.« –

Sie gehen alle ab.

Fünfte Szene

Es treten auf Cornwall und Edmund.

CORNWALL. Ich will Rache an ihm, eh' ich sein Haus verlasse.

EDMUND. Mylord, wie man mich tadeln wird, dass ich so die Natur meinem Diensteifer geopfert, – daran denk' ich mit Schaudern.

CORNWALL. Ich sehe nun ein, dass Euer Bruder nicht so ganz aus Bösartigkeit seinen Tod suchte; es war vielmehr ein treibendes Gefühl, durch die Schlechtigkeit des Alten erregt.

EDMUND. Wie heimtückisch ist mein Schicksal, dass ich bejammern muss, gerecht zu sein! – Hier ist der Brief, von dem er sprach, aus dem hervorgeht, dass er ein geheimer Anhänger der französischen Partei ist. O Himmel! Dass dieser Verrat nicht wäre, oder ich nicht der Entdecker! –

CORNWALL. Kommt mit mir zur Herzogin!

EDMUND. Wenn der Inhalt dieses Briefes wahr ist, so habt Ihr wichtige Dinge zu erledigen.

CORNWALL. Wahr oder falsch, er hat dich zum Grafen von Gloster gemacht. Suche deinen Vater auf, dass er gleich zur Rechenschaft gezogen werde!

EDMUND *beiseite.* Finde ich ihn beschäftigt, dem König beizustehn, so wird das den Argwohn noch verstärken. *Laut.* Ich will in meiner

Treue fortfahren, wie schmerzlich auch der Kampf zwischen mir und meinem Herzen ist.

CORNWALL. Du sollst mein Vertrauen besitzen und in meiner Liebe einen bessern Vater finden.

Sie gehen ab.

Sechste Szene

Kent und Gloster treten ein.

GLOSTER. Hier ist's besser, als in der freien Luft; nehmt es dankbar an; ich werde zu eurer Bequemlichkeit hier hinzufügen, was ich vermag; gleich bin ich wieder bei euch.

KENT. Alle Kraft seines Geistes ist seiner Ungeduld gewichen. Die Götter lohnen Euch Eure Freundlichkeit! –

Gloster geht ab. Lear, Edgar und der Narr kommen herein.

EDGAR. Frateretto ruft mir und sagt, Nero fische im Pfuhl der Finsternis. Bete, du Unschuldiger, und hüte dich vor dem bösen Feind!

NARR. Bitt' dich, Gevatter, sag mir, ist ein toller Mann ein Edelmann oder ein Bürgersmann? –

LEAR. Ein König, ein König!

NARR. Nein, 's ist ein Bürgersmann, der einen Edelmann zum Sohn hat; denn der ist ein wahnsinniger Bürgersmann, der einen Sohn früher als sich zum Edelmann werden sieht

LEAR. Dass ihrer tausend mit rotglüh'nden Spießen
lLaut zischend auf sie stürzten! –

EDGAR. Der böse Feind beißt mich im Rücken.

NARR. Der ist toll, der auf die Zahmheit eines Wolfs baut, auf die Gesundheit eines Pferdes, eines Knaben Liebe oder einer Hure Schwur.

LEAR. Es soll geschehn, gleich sprech' ich euer Urteil.

Zu Edgar.

Komm, setz' dich her, du hochgelehrter Richter;

Zum Narren.

Du, weiser Herr, sitz' hier! Nun, ihr Wölfinnen!

EDGAR. Sieh, wie er steht und glotzt; – habt Ihr keine Augen vor Gericht, schöne Dame?

Singt.

Komm, übern Bach, mein Liesel, zu mir!

NARR *singt.*

> Ihr Kahn ist nicht dicht,
> Doch sagt sie dir's nicht,
> Warum sie 'rüber nicht darf zu dir.

EDGAR. Der böse Feind verfolgt den armen Thoms mit der Stimme der Nachtigall. Hoptanz schreit in Thoms Bauch nach zwei Heringen. Krächze nicht, schwarzer Engel! Ich habe kein Futter für dich.

KENT. Nun, bester Herr? Oh, steht nicht so betäubt!
> Wollt Ihr Euch legen, auf den Kissen ruhn?

LEAR. Erst das Verhör: Bringt mir die Zeugen her!

Zu Edgar.

> Du, Ratsherr im Talar, nimm deinen Platz;

Zum Narren.

> Und du, sein Amtsgenoss der Richterwürde,
> Sitz' ihm zur Seite!

Zu Kent.

> Ihr seid auch Geschworner,
> Setzt Euch gleichfalls!

EDGAR. Lasst uns gerecht verfahren!

Singt.

> Schläfst oder wachst du, artiger Schäfer?
> Deine Schäfchen im Korne gehen,
> Und flötet nur einmal dein niedlicher Mund,
> Deinen Schäfchen kein Leid soll geschehen.
> Purr! Die Katz' ist grau.

LEAR. Sprecht über die zuerst: 's ist Goneril. Ich schwöre hier vor dieser ehrenwerten Versammlung, sie hat den armen König, ihren Vater, mit Füßen getreten.

NARR. Kommt, Lady! Ist Eu'r Name Goneril?

LEAR. Sie kann's nicht leugnen.

NARR. Verzeiht! Ich hielt Euch für 'nen Sessel.

LEAR. Und hier noch eine, deren scheeler Blick
> Ihr finstres Herz verrät. Oh, haltet fest!
> He! Waffen, Waffen, Feuer, Schwert! – Bestechung!
> Du falscher Richter, lässt du sie entfliehn?

EDGAR. Gott erhalte dir deine fünf Sinne!

KENT. O Jammer! – Herr, wo ist nun die Geduld,
> Die Ihr so oft Euch rühmtet zu bewahren?

EDGAR *beiseite*. Meine Tränen nehmen so Partei für ihn,
Dass sie mein Spiel verderben.
LEAR. Die kleinen Hunde, seht,
Spitz, Mops, Blandine, alle bell'n mich an.
EDGAR. Thoms wird seinen Kopf nach ihnen werfen. Hinaus mit
euch, ihr Kläffer! –
Sei dein Maul schwarz oder weiß,
Sei's von gift'gem Geifer heiß,
Windspiel, Bullenbeißer, Jagdhund,
Bracke, Pudel, Dogg' und Schlachthund,
Lang- und Stumpfschwanz, all ihr Köter,
Hört ihr Thoms, so schreit ihr Zeter,
Denn werf' ich so den Kopf nach euch,
Rennt ihr und springt in Graben und Teich.
Du di du di, Sessa! – Kommt auf die Kirmes und den Jahrmarkt! –
Armer Thoms! – Dein Horn ist trocken.
LEAR. Nun lasst sie Regan anatomieren und sehn, was in ihrem Her-
zen brütet! Gibt's irgendeine Ursach' in der Natur, die diese harten
Herzen hervorbringt? – *Zu Edgar*. Euch, Herr, halte ich als einen
meiner Hundert; nur gefällt mir der Schnitt Eures Habits nicht. Ihr
werdet sagen, es sei persische Tracht; aber lasst ihn ändern!
KENT. Nun, teurer Herr, ruht hier und schlaft ein Weilchen!
LEAR. Macht keinen Lärm, macht keinen Lärm; zieht den Vorhang
zu! So, so, so; wir wollen zur Abendtafel morgen früh gehn; so, so,
so.
NARR. Und ich will am Mittag zu Bett gehn.

Gloster kommt zurück.

GLOSTER. Komm her, Freund, sag, wo ist mein Herr, der König?
KENT. Hier, Herr! Doch stört ihn nicht, er ist von Sinnen.
GLOSTER. Du guter Mann, nimm ihn in deine Arme;
Von einem Vorschlag, ihn zu töten, hört' ich:
Ich hab 'ne Sänfte, leg' ihn da hinein,
Und rasch nach Dover, wo du finden wirst
Schutz und Willkommen. Eil' und nimm ihn auf; –
Säumst du 'ne halbe Stunde nur, so ist
Sein Leben, deins und aller, die ihn schützen,
Verloren ohne Rettung: fort denn, fort!
Und folge mir; ich schaffe, dich zu schützen,
Ein schnell Geleit.
KENT. Schläfst du, erschöpfte Kraft? –
Ein Balsam wär's für dein zerrissnes Leben,

Das, ist dir solche Lind'rung nicht vergönnt,
Wohl schwer gesundet. –

Zum Narren.

Komm, hilf deinem Herrn,
Du darfst zurück nicht bleiben.

GLOSTER. Kommt hinweg!

Alle ab außer Edgar.

EDGAR. Sehn wir den Größern tragen unsern Schmerz,
Kaum rührt das eigne Leid noch unser Herz.
Wer einsam duldet, fühlt die tiefste Pein,
Fern jeder Lust, trägt er den Schmerz allein:
Doch kann das Herz viel Leiden überwinden,
Wenn sich zur Qual und Not Genossen finden.
Mein Unglück dünkt mir leicht und minder scharf,
Da, was mich beugt, den König niederwarf;
Er kind-, ich vaterlos! Nun, Thoms, wohlan,
Merk' auf den Sturm der Zeit; erschein' erst dann,
Wenn die Verleumdung, deren Schmach dich peinigt,
Beschämt durch Prüfung deinen Namen reinigt!
Komme was will zur Nacht: Flieht nur der König! –
Gib acht! Gib acht! *Ab.*

Siebente Szene

Es treten auf Cornwall, Regan, Goneril, Edmund und Bediente.

CORNWALL. Eilt sogleich zu Mylord, Eurem Gemahl, zeigt ihm
diesen Brief: Die französische Armee ist gelandet. Geht, sucht den
Schurken Gloster!

Einige Bediente gehen ab.

REGAN. Hängt ihn ohne weiteres!

GONERIL. Reißt ihm die Augen aus!

CORNWALL. Überlasst ihn meinem Unwillen! Edmund, leistet Ihr
unsrer Schwester Gesellschaft; die Rache, die wir an Eurem verräte-
rischen Vater zu nehmen gezwungen sind, verträgt Eure Gegenwart
nicht wohl. – Ermahnt den Herzog, wenn Ihr zu ihm kommt, zur
schleunigsten Rüstung; wir sind zum Gleichen verpflichtet. Unsre
Boten sollen schnell sein und das Verständnis zwischen uns erhal-
ten. Lebt wohl, liebe Schwester, – lebt wohl, Mylord von Gloster!

Haushofmeister Oswald tritt auf.

Nun? Wo ist der König?
OSWALD. Mylord von Gloster hat ihn fortgeführt.
  Fünf- oder sechsunddreißig seiner Ritter,
  Ihn eifrig suchend, trafen ihn am Tor,
  Und ziehn, nebst andern von des Lords Vasallen,
  Mit ihm nach Dover, wo sie rüst'ger Freunde
  Sich rühmen.
CORNWALL. Schafft die Pferde Eurer Herrin!
GONERIL. Lebt wohl, Mylord und Schwester!
CORNWALL. Edmund, leb wohl!

Goneril, Edmund und Oswald gehen ab.

Sucht den Verräter Gloster,
  Bind't ihn, gleich wie 'nen Dieb, führt ihn hieher!

Andere Bediente ab.

Obgleich wir ihm nicht wohl ans Leben können
  Ohn' alle Rechtsform: doch soll unsre Macht
  Willfahren unserm Zorn, was man zwar tadeln,
  Nicht hindern mag.

Zwei Bediente bringen Gloster.

Wer kommt? Ist's der Verräter?
REGAN. Der undankbare Fuchs! Er ist's.
CORNWALL. Bind't ihm die welken Arme!
GLOSTER. Was meint Eu'r Hoheit? Freunde, denkt, ihr seid
  Hier meine Gäste; frevelt nicht an mir!
CORNWALL. Bind't ihn!

Bediente fesseln ihn.

REGAN. Fest! Fest! O schändlicher Verräter!
GLOSTER. Du unbarmherz'ge Frau, das war ich nie. –
CORNWALL. Bind't ihn an diesen Stuhl: Schuft, du sollst sehn –

Regan zupft ihn am Bart.

GLOSTER. Beim güt'gen Himmel, das ist höchst unedel,
  Zu raufen meinen Bart!
REGAN. So weiß, und solch ein Schelm!
GLOSTER. Ruchlose Frau,
  Dies Haar, das du entreißest meinem Kinn,
  Verklagt dich droben einst; ich bin Eu'r Wirt;

Ihr solltet nicht mit Räuberhand misshandeln
Mein gastlich Angesicht. Was wollt Ihr tun?
CORNWALL. Sprecht, was für Briefe schrieb man Euch aus Frankreich?
REGAN. Antwortet schlicht, wir wissen schon die Wahrheit.
CORNWALL. Und welchen Bund habt Ihr mit den Verrätern,
Die jetzt gelandet sind?
REGAN. In wessen Hand gabt Ihr den tollen König?
Sprecht!
GLOSTER. Einen Brief erhielt ich voll Vermutung,
Von jemand, der zu keiner Seite neigt,
Und der nicht feindlich ist.
CORNWALL. Ausflucht!
REGAN. Und falsch!
CORNWALL. Wo sandtest du den König hin?
GLOSTER. Nach Dover.
REGAN. Warum nach Dover? Stand nicht dein Leben drauf –
CORNWALL. Warum nach Dover? Erst erklär' er das!
GLOSTER. Am Pfahle fest muss ich die Hatze dulden.
REGAN. Warum nach Dover?
GLOSTER. Weil ich nicht wollte sehn, wie deine Nägel
Ausrissen seine armen, alten Augen;
Noch wie die unbarmherz'ge Goneril
In sein gesalbtes Fleisch die Hauer schlage.
Die See, in solchem Sturm, wie er ihn barhaupt
In höllenfinstrer Nacht erduldet, hätte
Sich aufgebäumt, verlöscht die ew'gen Lichter:
Doch armes, altes Herz, er half
Dem Himmel regnen. Wenn ein Wolf geheult
In jener grausen Nacht an deinem Tor,
Du hätt'st gerufen: »Pförtner, tu' doch auf!« –
Wer grausam sonst, ward mild. Doch seh' ich noch
Beschwingte Rach' ereilen solche Kinder.
CORNWALL. Sehn wirst du's nimmer. Halte fest den Stuhl,
Auf deine Augen setz' ich meinen Fuß.
GLOSTER. Wer noch das Alter zu erleben hofft,
Der steh' mir bei: – o grausam! O ihr Götter! –
REGAN. Eins wird das andre höhnen; jenes auch.
CORNWALL. Siehst du nun Rache? –
1. DIENER. Haltet ein, Mylord!
Seit meiner Kindheit hab' ich Euch gedient,

Doch bessern Dienst erwies ich Euch noch nie
Als jetzt Euch: Halt! zurufen.
REGAN. Was, du Hund?
1. DIENER. Wenn Ihr 'nen Bart am Kinn trügt, ich zaust' ihn
Bei solchem Streit; was habt Ihr vor?
CORNWALL. Mein Sklav'?

Er zieht den Degen.

1. DIENER. Nun, dann nehmt hin, was Wut und Zufall bringen!

Cornwall wird verwundet.

REGAN. Gib mir dein Schwert; lehnt sich ein Bauer auf?

Sie nimmt ein Schwert und tötet ihn von hinten.

1. DIENER. Oh, ich bin hin! Mylord, Euch blieb ein Auge,
Die Straf' an ihm zu sehn. – Oh!

Er stirbt.

CORNWALL. Dafür ist Rat: heraus, du schnöder Gallert! –
Wo ist dein Glanz nun?
GLOSTER. Alles Nacht und trostlos. Wo ist mein Sohn Edmund? –
Edmund, schür' alle Funken der Natur,
Und räche diesen Gräuel.
REGAN. Ha, falscher Bube,
Du rufst den, der dich hasst: Er selber war's,
Der deinen Hochverrat entdeckt; er ist
Zu gut, dich zu bedauern.
GLOSTER. O mein Wahnsinn! Dann tat ich Edgar Unrecht.
Götter, vergebt mir das, und segnet ihn! –
REGAN. Fort, werft ihn aus dem Tor, dann mag er riechen
Den Weg nach Dover.

Gloster wird weggebracht.

Wie ist Euch, Herr? – Wie geht's?
CORNWALL. Er schlug mir eine Wunde. – Folgt mir, Lady!
Hinaus den blinden Schurken! Diesen Hund
Werft auf den Mist! Regan, ich blute stark;
Dies kommt zur Unzeit. Gib mir deinen Arm!

Regan führt Cornwall ab.

2. DIENER. Ich achte nicht, was ich für Sünde tu',
Wenn's dem noch wohl geht.

3. DIENER. Lebt sie lange noch,
  Und endigt leichten Tods nach altem Brauch,
  So werden alle Weiber Ungeheuer.
2. DIENER. Ihm nach, dem alten Grafen; schafft den Tollen,
  Dass er ihn führen mag: sein Bettlerwahnsinn
  Lässt sich zu allem brauchen.
3. DIENER. Geh nur, ich hol' ihm Flachs und Eierweiß,
  Es auf sein blutiges Gesicht zu legen. Der Himmel hilf ihm! –

Sie gehen ab nach verschiedenen Seiten.

Vierter Aufzug
Erste Szene

Edgar tritt auf.

EDGAR. Doch besser so und sich verachtet wissen,
  Als stets verachtet und geschmeichelt sein.
  Ist man ganz elend,
  Das niedrigste, vom Glück geschmäht'ste Wesen,
  Lebt man in Hoffnung noch und nicht in Furcht.
  Beweinenswerter Wechsel trifft nur Bestes,
  Das Schlimmste kehrt zum Lachen. Drum willkommen,
  Du wesenlose Luft, die ich umfasse! –
  Der Ärmste, den du warfst ins tiefste Elend,
  Fragt nichts nach deinen Stürmen. – Doch wer kommt hier?

Gloster, von einem alten Manne geführt.

  Mein Vater, bettlergleich geführt? Welt, Welt, o Welt!
  Lehrt' uns dein seltsam Wechseln dich nicht hassen,
  Das Leben beugte nimmer sich dem Alter.

ALTER MANN. O lieber, gnäd'ger Herr,
  Ich war Euer Pächter und Eures Vaters Pächter
  An die achtzig Jahre.
GLOSTER. Geh deines Wegs, verlass mich, guter Alter;
  Dein Beistand kann mir doch nicht nützlich sein,
  Dir möcht' er schaden.
ALTER MANN. Ach, Herr, Ihr könnt ja Euren Weg nicht sehn.

GLOSTER. Ich habe keinen, brauch' drum keine Augen;
    Ich strauchelt', als ich sah. Oft zeigt sich's, Mangel
    Wird uns zum Heil, und die Entbehrung selbst
    Gedeiht zur Hülfe. O mein Sohn! Mein Edgar,
    Den des betrognen Vaters Zorn vernichtet! –
    Erlebt' ich noch, umarmend dich zu sehn,
    Dann spräch' ich, wieder hab' ich Augen! –
ALTER MANN. Wer da?
EDGAR *beiseite*. Gott, wer darf sagen: Schlimmer kann's nicht
    werden?
    's ist schlimmer nun als je.
ALTER MANN. Der tolle Thoms! –
EDGAR *beiseite*.
    Und kann noch schlimmer gehn; 's ist nicht das Schlimmste,
    Solang' man sagen kann: »Dies ist das Schlimmste.«
ALTER MANN. Wo willst du hin, Gesell?
GLOSTER. Ist er ein Bettler?
ALTER MANN. Ein Toller und ein Bettler.
GLOSTER. Er hat Vernunft noch, sonst könnt' er nicht betteln,
    Im letzten Nachtsturm sah ich solchen Wicht,
    Und für 'nen Wurm musst' ich den Menschen halten;
    Da kam mein Sohn mir ins Gemüt, und doch
    War mein Gemüt ihm damals kaum befreundet.
    Seitdem erfuhr ich mehr; was Fliegen sind
    Den müß'gen Knaben, das sind wir den Göttern;
    Sie töten uns zum Spaß.
EDGAR *beiseite*. Ist mir's denn möglich?
    Ein schlecht Gewerb', beim Gram den Narren spielen;
    Man ärgert sich und andre. – Grüß' Euch Gott!
GLOSTER. Ist das der nackte Bursch'?
ALTER MANN. Ja, gnäd'ger Herr.
GLOSTER. Dann geh, mein Freund! Willst du uns wieder treffen,
    Ein, zwei, drei Meilen weiter auf der Straße
    Nach Dover zu, so tu's aus alter Liebe,
    Und bring' 'ne Hülle für die nackte Seele:
    Er soll mich führen.
ALTER MANN. Ach! Er ist ja toll! –
GLOSTER. 's ist Fluch der Zeit, dass Tolle Blinde führen! –
    Tu', was ich bat, oder auch, was du willst;
    Vor allem geh!

ALTER MANN. Den besten Anzug hol' ich, den ich habe,
Entstehe draus, was mag! *Ab.*
GLOSTER. Hör', nackter Bursch!
EDGAR. Der arme Thoms friert.

Beiseite.

Ich halte mich nicht länger!
GLOSTER. Komm her, Gesell!
EDGAR *beiseite.* Und doch, ich muss. –Gott schütz' die lieben Augen
dir, sie bluten.
GLOSTER. Weißt du den Weg nach Dover?
EDGAR. Steg' und Hecken, Fahrweg und Fußpfad. Der arme Thoms
ist um seine gesunden Sinne gekommen. Gott schütze dich, du gu-
tes Menschenkind, vorm bösen Feind! Fünf Teufel waren zugleich
im armen Thoms: der Geist der Lust, Obidicut; Hoptanz, der Fürst
der Stummheit; Mahu, des Stehlens; Modo, des Mords; und Flib-
bertigibbet, der Grimassenteufel, der seitdem in die Zofen und Stu-
benmädchen gefahren ist. Gott helfe dir, Herr!
GLOSTER. Hier nimm die Börse, du, den Zorn des Himmels
Zu jedem Fluch gebeugt; dass ich im Elend,
Macht dich beglückter. – So ist's recht, ihr Götter! –
Lasst stets den üpp'gen, wollusttrunknen Mann,
Der eurer Satzung trotzt, der nicht will sehen,
Weil er nicht fühlt, schnell eure Macht empfinden:
Verteilung tilgte dann das Übermaß,
Und jeder hätte g'nug. Sag, weißt du Dover?
EDGAR. Ja, Herr!
GLOSTER. Dort ist ein Fels, des hohe, steile Klippe
Furchtbar hinabschaut in die jähe Tiefe:
Bring' mich nur hin an seinen letzten Rand;
Und lindern will ich deines Elends Bürde
Mit einem Kleinod – von dem Ort bedarf
Ich keines Führers mehr.
EDGAR. Gib mir den Arm:
Thoms will dich führen.

Sie gehen ab.

Zweite Szene

Es treten auf Goneril und Edmund.

GONERIL.
    Willkomm'n, Mylord! Mich wundert, dass mein sanfter Mann
    Uns nicht entgegen kam.

Haushofmeister Oswald tritt auf.

    Wo ist dein Herr?

OSWALD. Drin, gnäd'ge Frau; doch ganz und gar verändert
    Ich sagt' ihm von dem Heer, das jüngst gelandet,
    Da lächelt' er; ich sagt' ihm, dass Ihr kämt;
    Er rief: »So schlimmer!« Als ich drauf berichtet
    Von Glosters Hochverrat und seines Sohnes
    Getreuem Dienst, da schalt er mich 'nen Dummkopf,
    Und sprach, dass ich verkehrt die Sache nähme,
    Was ihm missfallen sollte, scheint ihm lieb,
    Was ihm gefallen, leid.

GONERIL *zu Edmund.* Dann geht nicht weiter;
    's ist die verzagte Feigheit seines Geists,
    Die nichts zu unternehmen wagt: kein Unrecht rührt ihn,
    Soll er die Spitze bieten. Unser Wunsch
    Von unterwegs kann in Erfüllung gehn;
    Eilt denn zurück zu meinem Bruder, Edmund,
    Beschleunigt seine Rüstung, führt sein Heer:
    Ich muss die Waffen wechseln und die Kunkel
    Dem Manne geben. Dieser treue Diener
    Soll unser Bote sein; bald hört Ihr wohl,
    Wenn Ihr zu Eurem Vorteil wagen wollt,
    Was Eure Dame wünscht. Tragt dies; kein Wort! –
    Neigt Euer Haupt: Der Kuss, dürft' er nur reden,
    Erhöbe dir den Mut in alle Lüfte: –
    Versteh' mich und leb wohl!

EDMUND. Dein in den Reih'n des Tods! *Ab.*

GONERIL. Mein teurer Gloster! –
    O welch ein Abstand zwischen Mann und Mann! –
    Ja, dir gebührt des Weibes Gunst; mein Narr
    Besitzt mich wider Recht.

OSWALD. Der Herzog, gnäd'ge Frau! *Ab.*

Albanien tritt auf.

GONERIL. Sonst war ich doch des Pfeifens wert! –

ALBANIEN. O Goneril,
Du bist des Staubs nicht wert, den dir der Wind
Ins Antlitz weht. Ich fürchte dein Gemüt: –
Ein Wesen, das verachtet seinen Stamm,
Kann nimmer fest begrenzt sein in sich selbst.
Sie, die vom mütterlichen Baum sich löst
Und selber abzweigt, muss durchaus verwelken
Und Todeswerkzeug sein.

GONERIL. Nicht mehr: der Text ist albern.

ALBANIEN. Weisheit und Tugend scheint dem Schlechten schlecht;
Schmutz riecht sich selber nur. Was tatet ihr?
Tiger, nicht Töchter, was habt ihr verübt! –
Ein Vater und ein gnadenreicher Greis,
Den wohl der zott'ge Bär in Ehrfurcht leckte –
O Schmach! O Schandtat! fiel durch euch in Wahnsinn!
Und litt mein edler Bruder solche Tat,
Ein Mann, ein Fürst, der ihm so viel verdankt? –
Schickt nicht der Himmel sichtbar seine Geister
Alsbald herab, zu zügeln diese Gräuel,
Muss Menschheit an sich selbst zum Raubtier werden,
Wie Ungeheuer der Tiefe.

GONERIL. Milchherz'ger Mann!
Der Wangen hat für Schläg', ein Haupt für Schimpf,
Dem nicht ein Auge ward, zu unterscheiden,
Was Ehre sei, was Kränkung; der nicht weiß,
Dass Toren nur den Schuft bedauern, der
Bestraft ward, eh' er fehlt'! – Was schweigt die Trommel?
Frankreichs Panier weht hier im stillen Land;
Mit stolzem Helmbusch droht dein Mörder schon,
Und du, ein Tugendnarr, bleibst still und stöhnst:
»Ach, warum tut er das?«

ALBANIEN. Schau' auf dich, Teufel;
Die eigne Hässlichkeit ist nicht am Satan
So grau'nvoll, als am Weibe.

GONERIL. Blöder Tor!

ALBANIEN. Schmach dir, entstellt, verwandelt Wesen, mach'
Dein Antlitz nicht zum Scheusal! Ziemte mir's,
Dass diese Hand gehorchte meinem Blut,
Sie möchte leicht zerreißen dir und trennen

Fleisch und Gebein! Wie sehr du Teufel bist,
Die Weibsgestalt beschützt dich.
GONERIL. Ei, welche Mannheit nun! –

Ein Bote tritt auf.

ALBANIEN. Was bringst du Neues?
BOTE. O gnäd'ger Herr, tot ist der Herzog Cornwall;
Ihn schlug sein Knecht, als er ausreißen wollte
Graf Glosters zweites Auge.
ALBANIEN. Glosters Augen?
BOTE. Ein Knecht, den er erzog, gereizt von Mitleid,
Die Tat zu hindern, zückte seinen Degen
Auf seinen großen Herrn – der, drob ergrimmt,
Ihn rasch mit andrer Hülfe niederstieß –
Doch traf ihn schon der Todesstreich, der jetzt
Ihn nachgeholt.
ALBANIEN. Das zeigt, ihr waltet droben,
Ihr Richter, die so schnell der Erde Freveln
Die Rache senden. Doch, o armer Gloster,
Verlor er beide Augen?
BOTE. Beide, Herr!
Der Brief, Mylady, fordert schnelle Antwort,
Er kommt von Eurer Schwester.
GONERIL *beiseite.* Halb gefällt's mir;
Doch, da sie Witwe, und bei ihr mein Gloster,
Könnt' all der luft'ge Bau zusammenstürzen
Auf mein verhasstes Leben. Andrerseits
Mundet die Nachricht wenig. Ich will lesen,
Und Antwort senden. *Ab.*
ALBANIEN. Wo war sein Sohn, als sie ihn blendeten?
BOTE. Er kam mit Eurer Gattin.
ALBANIEN. Er ist nicht hier.
BOTE. Mein gnäd'ger Herr, ich traf ihn auf dem Rückweg.
ALBANIEN. Weiß er die Gräueltat?
BOTE. Ja, gnäd'ger Herr! Er war's, der ihn verriet,
Und den Palast vorsätzlich mied, der Strafe
So freiern Lauf zu lassen.
ALBANIEN. Ich lebe, Gloster,
Die Treu', die du dem König zeigst, zu lohnen,
Und dein Gesicht zu rächen! – Folg' mir, Freund,
Und sag mir, was du sonst noch weißt. *Sie gehn ab.*

Dritte Szene

Es treten auf Kent und ein Ritter.

KENT. Warum der König von Frankreich so plötzlich zurückgegangen
ist: Wisst Ihr die Ursach'?

EDELMANN. Es war ein Staatsgeschäft noch nicht vollendet, das
nach der Landung er bedacht; es drohte dem Königreich so viel Gefahr und Schrecken, dass eigne Gegenwart höchst dringend schien
Und unvermeidlich.

KENT. Wenn ließ er hier zurück als seinen Feldherrn?

EDELMANN. Den Marschall Frankreichs, Monseigneur le Fèr.

KENT. Reizten Eure Briefe die Königin nicht zu Äußerungen des
Schmerzes?

EDELMANN. Jawohl, sie nahm sie, las in meinem Beisein,
Und dann und wann rollt' eine volle Träne
Die zarte Wang' herab; es schien, dass sie
Als Kön'gin ihren Schmerz regierte, der
Rebellisch wollt' ihr König sein.

KENT. Oh, dann ward sie bewegt.

EDELMANN. Doch nicht zum Zorn. Geduld und Kummer stritten,
Wer ihr den stärksten Ausdruck lieh. Ihr saht
Regen zugleich und Sonnenschein: Ihr Lächeln
Und ihre Tränen war wie Frühlingstag.
Dies sel'ge Lächeln, das die frischen Lippen
Umspielte, schien, als wiss' es um die Gäste
Der Augen nicht, die so von diesen schieden,
Wie Perlen von Demanten tropfen. Kurz,
Der Gram würd' als ein Schatz gesucht, wenn jeden
Er also schmückte.

KENT. Hat sie nichts gesprochen?

EDELMANN. Ja, mehrmals seufzte sie den Namen »Vater«
Stöhnend hervor, als presst' er ihr das Herz:
Rief: »Schwestern! Schwestern! Schmach der Frauen! Schwestern!
Kent! Vater! Schwestern! Was, in Sturm und Nacht?
Glaubt an kein Mitleid mehr!« Dann strömten ihr
Die heil'gen Tränen aus den Himmelsaugen,
Und netzten ihren Laut; sie stürzte fort,
Allein mit ihrem Gram zu sein.

KENT. Die Sterne,
Die Sterne bilden unsre Sinnesart,

Sonst zeugte nicht so ganz verschiedne Kinder
Ein und dasselbe Paar. – Spracht Ihr sie noch?
EDELMANN. Nein.
KENT. War's vor des Königs Reise?
EDELMANN. Nein, hernach.
KENT. Gut, Herr!
Der arme kranke Lear ist in der Stadt;
Manchmal in bessrer Stimmung wird's ihm klar,
Warum wir hier sind, und auf keine Weise
Will er die Tochter sehn.
EDELMANN. Weshalb nicht, Herr? –
KENT. Ihn überwältigt so die Scham – sein harter Sinn,
Der seinen Segen ihr entzog, sie preis gab
Dem fremden Zufall, und ihr teures Erbrecht
Den hünd'schen Töchtern lieh, – das alles sticht
So giftig ihm das Herz, dass glüh'nde Scham
Ihn von Cordelien fernhält.
EDELMANN. Armer Herr!
KENT. Wisst Ihr von Cornwalls und Albaniens Macht?
EDELMANN. 's ist wie gesagt: sie stehn im Feld.
KENT. Ich bring' Euch jetzt zu unserm König Lear,
Und lass' ihn Eurer Pflege. Wicht'ge Gründe
Gebieten, mich verborgen noch zu halten;
Geb' ich mich kund, so wird's Euch nicht gereuen,
Dass Ihr mich jetzt gekannt. Ich bitt' Euch, kommt,
Begleitet mich!

Sie gehen ab.

Vierte Szene

*Trommeln und Fahnen. Cordelia, ein Arzt, Gefolge, Edelleute und Solda-
ten treten auf.*

CORDELIA. O Gott, er ist's; man traf ihn eben noch
In Wut, wie das empörte Meer; laut singend,
Bekränzt mit wildem Erdrauch, Windenranken,
Mit Kletten, Schierling, Nesseln, Kuckucksblumen
Und allem müß'gen Unkraut, welches wächst
Im nährenden Weizen. Hundert schickt und mehr;

Durchforscht jedwedes hochbewachsne Feld
Und bringt ihn zu uns!

Ein Offizier ab.

Was vermag die Kunst,
Ihm herzustellen die beraubten Sinne?
Er, der ihn heilt, nehm' alle meine Schätze!
ARZT. Es gibt noch Mittel, Fürstin!
Die beste Wärt'rin der Natur ist Ruhe,
Die ihm gebricht; und diese ihm zu schenken,
Vermag manch wirksam Heilkraut, dessen Kraft
Des Wahnsinns Augen schließen wird.
CORDELIA. All ihr gesegneten, geheimen Wunder,
All ihr verborgnen Kräfte der Natur,
Sprießt auf durch meine Tränen! Lindert, heilt
Des guten Greises Weh! Sucht, sucht nach ihm,
Eh' seine blinde Wut das Leben löst,
Das sich nicht führen kann.

Ein Bote tritt auf.

BOTE. Vernehmt, Mylady,
Die brit'sche Macht ist auf dem Zug hieher.
CORDELIA. Man wusst' es schon; und wir sind vorbereitet,
Sie zu empfangen. Oh, mein teurer Vater,
Für deine Wohlfahrt hab' ich mich gerüstet;
Drum hat der große Frankreich
Mein Trauern, meiner Tränen Flehn erhört.
Nicht luft'ger Ehrgeiz treibt uns zum Gefecht,
Nur brünst'ge Lieb' und unsers Vaters Recht;
Möcht' ich doch bald ihn sehn und ihn vernehmen!

Sie gehen ab.

Fünfte Szene

Es treten auf Regan und Haushofmeister Oswald.

REGAN. Doch steht des Bruders Macht im Feld?
OSWALD. Ja, Fürstin.
REGAN. Er selbst zugegen?
OSWALD. Ja, mit vieler Not;
Eure Schwester ist der bessere Soldat.

REGAN. Lord Edmund sprach mit deinem Herzog nicht?

OSWALD. Nein, gnäd'ge Frau!

REGAN. Was mag der Schwester Brief an ihn enthalten?

OSWALD. Ich weiß nicht, Fürstin.

REGAN. Gewiss, ihn trieb ein ernst Geschäft von hier.
    Sehr töricht war's, dem Gloster nach der Blendung
    Das Leben lassen; wohin er kommt, bewegt er
    Die Herzen wider uns. Edmund, vermut' ich,
    Aus Mitleid seines Elends, ging zu enden
    Sein nächtlich Dasein, und erforscht zugleich
    Des Feindes Stärke.

OSWALD. Ich muss durchaus ihm nach mit meinem Brief.

REGAN. Das Heer rückt morgen aus; bleibt hier mit uns;
    Gefährlich sind die Weg'.

OSWALD. Ich darf nicht, Fürstin;
    Mylady hat mir's dringend eingeschärft.

REGAN. Was brauchte sie zu schreiben? Könnt'st du nicht
    Mündlich bestellen dein Geschäft? – Vielleicht –
    Etwas – ich weiß nicht was: – ich will dir gut sein,
    Lass mich den Brief entsiegeln!

OSWALD. Lieber möcht' ich –

REGAN. Ich weiß, die Herzogin hasst ihren Gatten:
    Das ist gewiss; bei ihrem letzten Hiersein
    Liebäugte sie mit sehr beredten Blicken
    Dem edlen Edmund; du bist ihr Vertrauter.

OSWALD. Ich, Fürstin?

REGAN. Ich rede mit Bedacht: Ich weiß, du bist's.
    Drum rat' ich dir, nimm diese Weisung an:
    Mein Mann ist tot; Edmund und ich sind einig;
    Und besser passt er sich für meine Hand,
    Als deiner Herrin: – schließe weiter selbst!
    Wenn du ihn find'st, so bitt' ich, gib ihm dies;
    Und wenn's die Herzogin von dir vernimmt,
    Ermahne sie, Vernunft zu Rat zu ziehn!
    Und somit lebe wohl!
    Triffst du vielleicht den blinden Hochverräter,
    Ein reicher Lohn wird dem, der ihn erschlägt.

OSWALD. Ich wollt', ich fänd' ihn, Fürstin, dass Ihr seht,
    Mit wem ich's halte.

REGAN. So gehab' dich wohl!

Sie gehen ab.

Sechste Szene

Es treten auf Gloster und Edgar in Bauerntracht.

GLOSTER. Wann kommen wir zum Gipfel dieses Bergs?

EDGAR. Ihr klimmt hinan: seht nur, wie schwer es geht! –

GLOSTER. Mich dünkt, der Grund ist eben.

EDGAR. Furchtbar steil!
    Horcht! Hört Ihr nicht die See?

GLOSTER. Nein, wahrlich nicht! –

EDGAR. Dann wurden Eure andern Sinne stumpf
    Durch Eurer Augen Schmerz.

GLOSTER. Das mag wohl sein.
    Mich dünkt, dein Laut ist anders, und du sprichst
    Mit besserm Sinn und Ausdruck als zuvor.

EDGAR. Ihr täuscht Euch sehr: Ich bin in nichts verändert
    Als in der Tracht.

GLOSTER. Mich dünkt, du sprächest besser.

EDGAR. Kommt, Herr, hier ist der Ort: steht still! Wie grau'nvoll
    Und schwindelnd ist's, so tief hinabzuschaun! –
    Die Kräh'n und Dohlen, die die Mitt' umflattern,
    Sehn kaum wie Käfer aus – halbwegs hinab
    Hängt einer, Fenchel sammelnd, – schrecklich Handwerk!
    Mich dünkt, er scheint nicht größer als sein Kopf.
    Die Fischer, die am Strande gehn entlang,
    Sind Mäusen gleich; das hohe Schiff am Anker
    Verjüngt zu seinem Boot; das Boot zum Tönnchen,
    Beinah' zu klein dem Blick; die dumpfe Brandung,
    Die murmelnd auf zahllosen Kieseln tobt,
    Schallt nicht bis hier. – Ich will nicht mehr hinabsehn,
    Dass nicht mein Hirn sich dreht, mein wirrer Blick
    Mich taumelnd stürzt hinab.

GLOSTER. Stell' mich, wo du stehst!

EDGAR. Gebt mir die Hand: Ihr seid nur einen Fuß
    Vom letzten Rand. Für alles unterm Mond
    Tät' ich hier keinen Sprung.

GLOSTER. Lass mich nun los!
    Hier, Freund, ist noch ein Beutel, drin ein Kleinod,
    Kostbar genug dem Armen. Feen und Götter
    Gesegnen dir's! Geh nun zurück, mein Freund:
    Nimm Abschied; lass mich hören, dass du gehst!

EDGAR. Lebt wohl denn, guter Herr!

GLOSTER. Von ganzem Herzen.

EDGAR. So spiel' ich nur mit dem Verzweifelnden,
Um ihn zu heilen.

GLOSTER. O ihr mächt'gen Götter!

Kniet nieder.

Der Welt entsag' ich, und vor euerm Blick
Schüttl' ich geduldig ab mein großes Leid.
Könnt' ich es länger tragen ohne Hader
Mit euerm unabwendbar ew'gen Rat,
So möchte wohl mein müder Lebensdocht
Von selbst verglimmen. Wenn mein Edgar lebt –
O segnet ihn! – Nun, Freund, gehab' dich wohl!

Fällt zu Boden.

EDGAR. Bin fort schon; lebt denn wohl!
Und weiß ich, ob nicht Fantasie den Schatz
Des Lebens rauben kann, wenn Leben selbst
Dem Raub sich preisgibt? War er, wo er dachte,
Jetzt dächt' er nicht mehr. – Lebend oder tot? –
He, guter Freund! – Herr, hört Ihr? – Sprecht! –
So könnt' er wirklich sterben: – Nein, er lebt.
Wer seid Ihr, Herr? –

GLOSTER. Hinweg und lass mich sterben!

EDGAR. Warst du nicht Fadensommer, Federn, Luft,
So viele Klafter tief kopfüber stürzend,
Du wärst zerschellt, gleich einem Ei. Doch atmest du,
Hast Körperschwere, blut'st nicht, sprichst, bist ganz.
Zehn Mastbäum' auf einander sind so hoch nicht,
Als steilrecht du hinabgefallen bist.
Ein Wunder, dass du lebst! Sprich noch einmal!

GLOSTER. Doch fiel ich oder nicht? –

EDGAR. Vom furchtbar'n Gipfel dieser kreid'gen Klippe.
Sieh nur hinauf, man kann die schrill'nde Lerche
So hoch nicht sehn noch hören: sieh hinauf! –

GLOSTER. Ach Gott! Ich habe keine Augen.
Ward auch die Wohltat noch versagt dem Elend,
Durch Tod zu endigen? Trost war's doch immer,
Als Jammer der Tyrannen Wut sich konnte
Entziehn und seine stolze Willkür täuschen.

EDGAR. Gebt mir den Arm! –

Auf! – So! Wie geht's? Fühlt Ihr die Beine? – Steht? –

GLOSTER. Zu gut! Zu gut!

EDGAR. Das nenn' ich wunderseltsam!

Dort auf der Klippe Rand, welch Ding war das,

Das von Euch wich?

GLOSTER. Ein armer Bettler war's.

EDGAR. Hier unten schienen seine Augen mir

Zwei Monden; tausend Nasen hatt' er, Hörner

Gekrümmt, und wogte, wie's empörte Meer:

Ein Teufel war's. Drum denk', beglückter Alter,

Dass höchste Götter, die zum Ruhm vollführen,

Was uns unmöglich scheint, dich retteten.

GLOSTER. Ja, das erkenn' ich jetzt. Ich will hinfort

Mein Elend tragen, bis es ruft von selbst:

»Genug, genug, und stirb!« Das Ding, wovon

Ihr sprecht, schien mir ein Mensch; oft rief es aus:

»Der böse Feind!« – Er führte mich dahin.

EDGAR. Seid ruhig und getrost!

Lear tritt auf, fantastisch mit Blumen und Kränzen aufgeschmückt.

Doch wer kommt da?

Gesunder Sinn wird nimmer seinen Herrn

So ausstaffieren.

LEAR. Nein, wegen des Weinens können sie mir nichts tun; ich bin der König selbst.

EDGAR. O herzzerreißender Anblick!

LEAR. Natur ist hierin mächtiger als die Kunst. Da ist Euer Handgeld. Der Bursch führt seinen Bogen wie eine Vogelscheuche. Spannt mir eine volle Tuchmacherelle, – sieh, sieh, eine Maus – still, still, dies Stück gerösteter Käse wird gut dazu sein. – Da ist mein Panzerhandschuh; gegen einen Riesen verfecht' ich's. Die Hellebarden her! – Oh, schön geflogen, Vogel! Ins Schwarze, ins Schwarze! Hui! – Gebt die Parole!

EDGAR. Süßer Majoran. –

LEAR. Passiert!

GLOSTER. Die Stimme kenn' ich.

LEAR. Ha, Goneril! – Mit 'nem weißen Bart! Sie schmeichelten mir wie Hunde und erzählten mir, ich hätte weiße Haare im Bart, ehe die schwarzen kamen. – Ja und Nein zu sagen zu allem, was ich sagte! – Ja und Nein zugleich, das war keine gute Theologie. Als der Regen einst kam, mich zu durchnässen, und der Wind mich

80

schauern machte, und der Donner auf mein Geheiß nicht schweigen wollte, da fand ich sie, da spürte ich sie aus. Nichts da, es ist
kein Verlass auf sie; sie sagten mir, ich sei alles: Das ist eine Lüge,
ich bin nicht fieberfest.

GLOSTER. Den Ton von dieser Stimme kenn' ich wohl:
Ist's nicht der König?

LEAR. Ja, jeder Zoll ein König: –
Blick' ich so starr, sieh, bebt der Untertan. –
Dem schenk' ich's Leben: Was war sein Vergehn?
Eh'bruch! –
Du sollst nicht sterben. Tod um Eh'bruch, – ? – Nein!
Der Zeisig tut's, die kleine goldne Fliege,
Vor meinen Augen buhlt sie.
Lasst der Vermehrung Lauf! – Denn Glosters Bastard
Liebte den Vater mehr, als meine Töchter,
Erzeugt im Eh'bett.
Dran, Unzucht! Frisch auf, denn ich brauch' Soldaten. –
Sieh dort die ziere Dame,
Ihr Antlitz weissagt Schnee in ihrem Schoß;
Sie spreizt sich tugendlich und dreht sich weg,
Hört sie die Lust nur nennen:
Und doch sind Iltis nicht und hitz'ge Stute
So ungestüm in ihrer Brunst.
Vom Gürtel nieder sind's Centauren,
Wenn auch von oben Weib; nur bis zum Gürtel
Sind sie den Göttern eigen: jenseits alles
Gehört den Teufeln, dort ist Hölle, Nacht,
Dort ist Schwefelpfuhl, Brennen, Sieden, Pestgeruch,
Verwesung, – pfui, pfui, pfui! – Pah! Pah! –
Gib etwas Bisam, guter Apotheker,
Meine Fantasie zu würzen. Da ist Gold für dich.

GLOSTER. O lass die Hand mich küssen! –

LEAR. Lass mich sie erst abwischen; sie riecht nach dem Grabe.

GLOSTER. O du zertrümmert Meisterstück der Schöpfung! –
So nutzt das große Weltall einst sich ab
Zu nichts. Kennst du mich wohl?

LEAR. Ich erinnere mich deiner Augen recht gut: blinzelst du mir zu?
– Nein, tu' dein Ärgstes, blinder Cupido; ich will nicht lieben. Lies
einmal diese Herausforderung; sieh nur die Schriftzüge! –

GLOSTER. Wär' jede Letter Sonn', ich säh' nicht eine.

EDGAR. Nicht glauben wollt' ich's dem Gerücht: es ist so,
Und bricht mein Herz.

LEAR. Lies!

GLOSTER. Was, mit den Höhlen der Augen?

LEAR. Oho, stehn wir so miteinander? Keine Augen im Kopf, kein
Geld im Beutel? – Höhlten sie dir die Augen und holten dir den
Beutel? Doch siehst du, wie die Welt geht!

GLOSTER. Ich seh' es fühlend.

LEAR. Was, bist du toll? – Kann man doch sehn, wie es in der Welt
hergeht, ohne Augen. Schau' mit dem Ohr: sieh, wie jener Richter
auf jenen einfältigen Dieb schmält! Horch, – unter uns – den Platz
gewechselt und die Hand gedreht: wer ist Richter, wer Dieb? Sahst
du wohl eines Pächters Hund einen Bettler anbellen? –

GLOSTER. Ja, Herr!

LEAR. Und der Wicht lief vor dem Köter: da konntest du das große
Bild des Ansehens erblicken: dem Hund im Amt gehorcht man.
Du schuft'ger Büttel, weg die blut'ge Hand!
Was geißelst du die Hure? Peitsch' dich selbst:
Dich lüstet heiß, mit ihr zu tun, wofür
Dein Arm sie sträupt. Der Wuch'rer hängt den Gauner;
Zerlumptes Kleid bringt kleinen Fehl ans Licht,
Talar und Pelz birgt alles. Hüll' in Gold die Sünde, –
Der starke Speer des Rechts bricht harmlos ab; –
In Lumpen, – des Pygmäen Halm durchbohrt sie.
Kein Mensch ist sündig; keiner, sag' ich, keiner;
Und ich verbürg' es, wenn – versteh', mein Freund, –
Er nur des Klägers Mund versiegeln kann.
Schaff' Augen dir von Glas,
Und, wie Politiker des Pöbels tu',
Als sähst du Dinge, die du doch nicht siehst –
Nun, nun, nun, nun –
Zieht mir die Stiefeln ab! – Stärker, stärker, – so!

EDGAR *beiseite*. O tiefer Sinn und Aberwitz gemischt! –
Vernunft in Tollheit!

LEAR. Willst weinen über mich, nimm meine Augen!
Ich kenne dich recht gut, dein Nam' ist Gloster –
Gedulde dich, wir kamen weinend an.
Du weißt, wenn wir die erste Luft einatmen,
Schrein wir und winseln. Ich will dir pred'gen: horch!

Lear legt Kränze und Blumen ab.

GLOSTER. O welcher Jammer!

LEAR. Wir Neugebornen weinen, zu betreten
    Die große Narrenbühne – ein schöner Hut! –
    O feine Kriegslist, einen Pferdetrupp
    Mit Filz so zu beschuhn: ich will's versuchen,
    Und überschleich' ich so die Schwiegersöhne,
    Dann schlagt sie tot, tot, tot! – Tot, tot! –

Ein Edelmann mit Bedienten tritt auf.

EDELMANN. O hier, hier ist er. Haltet ihn! Mylord,
    Eu'r liebstes Kind –
LEAR. Wie, kein Entsatz? Gefangen? Bin ich doch
    Der wahre Narr des Glücks. Verpflegt mich wohl,
    Ich geb' euch Lösegeld. Schafft mir 'nen Wundarzt,
    Ich bin ins Hirn gehaun.
EDELMANN. Nichts soll Euch fehlen.
LEAR. Kein Beistand? – ganz allein?
    Da könnte wohl der Mensch in salz'ge Tränen
    Vergehn, wie Kannen seine Augen brauchend,
    Des Herbstes Staub zu löschen.
EDELMANN. Teurer Herr!
LEAR. Brav will ich sterben, wie ein schmucker Bräut'gam; was?
    Will lustig sein; kommt, kommt, ich bin ein König,
    Ihr Herren, wisst ihr das? –
EDELMANN. Ein hoher König, und wir folgen Euch.
LEAR. So ist noch nichts verloren. Kommt! wenn ihr's haschen wollt,
    so müsst ihr's durch Laufen haschen. Sa, sa, sa, sa!

Er läuft fort, Bediente folgen.

EDELMANN. Ein Anblick, jammervoll am ärmsten Bettler,
    An einem König namenlos! Du hast ein Kind,
    Durch das die Welt vom grausen Fluch erlöst wird,
    Den zwei auf sie gebracht.
EDGAR. Heil, edler Herr!
EDELMANN. Seid kurz, mein Freund! Was wollt Ihr?
EDGAR. Vernahmt Ihr, Herr, ob's bald ein Treffen gibt?
EDELMANN. Nun, das ist weltbekannt, ein jeder weiß es,
    Der Ohren hat zu hören.
EDGAR. Doch erlaubt,
    Wie nahe steht der Feind?
EDELMANN. Nah und in schnellem Anmarsch; stündlich kann
    Die Hauptmacht hier sein.
EDGAR. Dank Euch! Das war alles.

EDELMANN. Weilt gleich die Königin aus Gründen hier,
Ist doch das Heer schon vorgerückt.
EDGAR. Ich dank' Euch.

Edelmann geht ab.

GLOSTER. Ihr ewig güt'gen Götter, nehmt mein Leben,
Dass nicht mein böser Sinn mich nochmals treibt,
Zu sterben, eh' es euch gefällt.
EDGAR. Ihr trefflich, Vater! –
GLOSTER. Nun, mein Freund, wer seid Ihr?
EDGAR. Der ärmste Mensch, gezähmt durch Schicksalsschläge,
Der durch die Schule selbst empfundnen Grams
Empfänglich ward für Mitleid. – Gebt die Hand mir,
Ich führ' Euch in ein Haus.
GLOSTER. Von Herzen Dank!
Des Himmels Huld und reicher Segen geb'
Euch Lohn auf Lohn! –

Haushofmeister Oswald tritt auf.

OSWALD. Ein Preis verdient! Willkommen! –
Dein augenloser Kopf ward darum Fleisch,
Mein Glück zu gründen. Alter Hochverräter,
Bedenke schnell dein Heil: Das Schwert ist bloß,
Das dich vernichten soll.
GLOSTER. So brauch' mit Kraft
Die Freundeshand!

Edgar setzt sich zur Wehr.

OSWALD. Was, frecher Bauer, willst du
Verteid'gen solchen Hochverräter? Fort! –
Dass seines Schicksals Pest nicht auch auf dich
Ansteckend falle! Lass den Arm ihm los!
EDGAR. Will nit los losse, Herr, muss erst anders kumme.
OSWALD. Lass los, Sklav', oder du stirbst!
EDGAR. Lieber Herr, gehn Eures Wegs und losst arme Leut' in Ruh'.
Wann ich mich sollt mit eim große Maul ums Lebe bringe losse, da
hätt' ich's schun vor vierzehn Täg los werde künne. Kummt mer
dem alte Mann nit nah; macht Euch furt, rat' ich, oder ich will
emohl versuche, was stärker is, Eu'r Hirnkaste oder mei Knippel.
Ich sog's Euch grod' raus.
OSWALD. Ei, du Bauerflegel!

Sie fechten.

EDGAR. Ich ward' Euch die Zähne stochern, Herr: was schiern mich
Eure Finte!
OSWALD.
Sklav', du erschlugst mich! – Schuft, nimm meinen Beutel;
Soll's dir je wohl gehn, so begrabe mich,
Und gib die Briefe, die du bei mir find'st,
An Edmund, Grafen Gloster! Such' ihn auf
In Englands Heer – O Tod zur Unzeit – Tod! –

Er stirbt.

EDGAR. Ich kenne dich: ein dienstbeflissner Bube,
Den Lastern der Gebiet'rin so geneigt,
Als Bosheit wünschen mag.
GLOSTER. Was, ist er tot?
EDGAR. Hier setzt Euch, Vater, ruht!
Lass sehn die Taschen; jene Briefe können
Mir guten Dienst tun. Er ist tot; nur schade,
Dass ich sein Henker musste sein. Lasst sehn!
Erlaube, liebes Wachs, und schilt nicht, Sitte:
Man risse ja, des Feindes Sinn zu spähn,
Sein Herz auf; seine Briefe geht schon eher.

Er liest den Brief.

»Gedenkt unsrer gegenseitigen Schwüre! Ihr habt manche
Gelegenheit, ihn aus dem Wege zu räumen; fehlt Euch der
Wille nicht, so werden Zeit und Ort Euch vielmal günstig sein.
Es ist nichts geschehn, wenn er als Sieger heimkehrt; dann bin
ich die Gefangene und sein Bett mein Kerker. Von dessen ek-
ler Wärme befreit mich und nehmt seinen Platz ein für Eure
Mühe! Eure (Gattin, so möcht' ich sagen) ergebne Dienerin
Goneril.«
O unenthüllter Raum des Weiberwillens!
Ein Plan auf ihres biedern Mannes Leben,
Und der Ersatz: mein Bruder! – Hier im Sande
Verscharr' ich dich, unsel'ger Bote du,
Mordsücht'ger Buhler; und zur rechten Zeit
Bring' ich dies frevle Blatt vors Angesicht
Des todumgarnten Herzogs. Wohl ihm dann,
Dass deinen Tod und Plan ich melden kann!
GLOSTER. Der König rast. Wie starr ist meine Seele,
Dass ich noch aufrecht steh' und scharf empfinde
Mein schweres Los! Besser, ich wär' verrückt:

Dann wär' mein Geist getrennt von meinem Gram,
Und Schmerz in eiteln Fantasie'n verlöre
Bewusstsein seiner selbst.

Trommel von weit weg.

EDGAR. Gebt mir die Hand!
　　Fernher, so scheint mir, hör' ich Trommelschlag;
　　Kommt, Vater! – Zu 'nem Freunde führ' ich Euch.

Sie gehen ab.

Siebente Szene

Es treten auf Cordelia, Kent, ein Arzt und ein Edelmann.

CORDELIA. O teurer Kent, kann all mein Tun und Leben
　　Dir je vergüten? Ist mein Leben doch
　　Zu kurz, und jeder Maßstab allzu klein.
KENT. So anerkannt ist überreich bezahlt.
　　Was ich gesagt, ist alles schlichte Wahrheit,
　　Nicht mehr noch minder.
CORDELIA. Nimm ein bessres Kleid;
　　Die Tracht ist Denkmal jener bittern Stunden:
　　Ich bitt' dich, leg' sie ab!
KENT. Nein, güt'ge Fürstin;
　　Jetzt schon erkannt sein, schadet meinem Plan.
　　Als Gnade bitt' ich, kennt mich jetzt noch nicht,
　　Eh' Zeit und ich es heischen.
CORDELIA. Sei's denn so, mein werter Lord!

Zum Arzt.

　　Was macht der König?
ARZT. Er schläft noch, Fürstin!
CORDELIA. Güt'ge Götter, heilt
　　Den großen Riss des schwer gekränkten Geistes! –
　　Der Sinne rauen Missklang, stimmt ihn rein
　　Dem Kind gewordnen Vater! –
ARZT. Gefällt's Eu'r Hoheit,
　　Dass wir den König wecken? Er schlief lang.
CORDELIA. Folgt Eurer Einsicht und verfahrt durchaus
　　Nach eignem Willen! Ist er angekleidet?

EDELMANN. Ja, gnäd'ge Frau, in seinem tiefen Schlaf
    Versahn wir ihn mit frischen Kleidern.
ARZT. Bleibt, gnäd'ge Kön'gin, bis wir ihn erwecken;
    Ich zweifle nicht an mildrer Stimmung.
CORDELIA. Wohl!

Diener bringen den schlafenden Lear in einem Sessel herein. Edelleute folgen. Leise Musik.

ARZT. Gefällt's Euch, näher! – Lauter die Musik! –
CORDELIA. Mein teurer Vater! O Genesung, gib
    Heilkräfte meinen Lippen; dieser Kuss
    Lindre den grimmen Schmerz, mit dem die Schwestern
    Dein Alter kränkten!
KENT. Güt'ge, liebe Fürstin!
CORDELIA. Warst du ihr Vater nicht, – dies Silberhaar
    Verlangte Mitleid. Oh, war dies ein Haupt,
    Dem Sturm der Elemente preiszugeben?
    Dem lauten, furchtbar'n Donner? – Standzuhalten
    Dem höchst grau'nvollen, schnell beschwingten Flug
    Gekreuzter Blitze? Meines Feindes Hund,
    Und hätt' er mich gebissen, durft' in jener Nacht
    An meinem Feuer stehn – und dir, mein Vater,
    Genügte faules, kurzes Stroh bei Schweinen
    Und vogelfreiem Volk! Ach Gott! Ach Gott!
    Ein Wunder, dass dein Leben nicht zugleich
    Mit deinen Sinnen schied. Er wacht: sprecht zu ihm!
ARZT. Tut Ihr's, Mylady; 's ist am besten.
CORDELIA.
    Was macht mein königlicher Herr? Wie geht's Eu'r Majestät? –
LEAR. 's ist unrecht, dass ihr aus dem Grab mich nehmt.
    Du bist ein sel'ger Geist, ich bin gebunden
    Auf einem Feuerrad, das meine Tränen
    Durchglühn wie flüssig Blei.
CORDELIA. Herr! Kennt Ihr mich?
LEAR. Du bist ein Geist, ich weiß es wohl, – wann starbst du?
CORDELIA. Noch immer weit, weit weg!
ARZT. Er ist kaum wach: lasst ihn ein Weilchen ruhig!
LEAR. Wo war ich denn? Wo bin ich? – Heller Tag? –
    Man täuscht mich arg – ich stürbe wohl vor Mitleid,
    Erblickt' ich andre so – wie ist mir doch?
    Ich will nicht schwören, dies sei meine Hand –

Lass sehn! ich fühle diesen Nadelstich.
Wär' ich doch überzeugt von meinem Zustand! –
CORDELIA. Oh, seht auf mich, Mylord! –
Hebt Eure Hand zum Segen über mich!
Nein, Herr, Ihr müsst nicht knien.
LEAR. Spottet meiner nicht! –
Ich bin ein schwacher, kind'scher, alter Mann,
Achtzig und drüber: keine Stunde mehr
Noch weniger, und grad' heraus
Ich fürchte fast, ich bin nicht recht bei Sinnen.
Mich dünkt, ich kenn' Euch, kenn' auch diesen Mann;
Doch zweifl' ich noch, denn ich begreif' es nicht,
An welchem Ort ich bin; all mein Verstand
Entsinnt sich dieser Kleider nicht, noch weiß ich,
Wo ich die Nacht schlief. Lacht nicht über mich,
Denn so gewiss ich lebe,
Die Dame halt' ich für mein Kind Cordelia.
CORDELIA. Das bin ich auch! Ich bin's! –
LEAR. Sind deine Tränen nass? Ja, wirklich! Bitte,
O weine nicht!
Wenn du Gift für mich hast, so will ich's trinken,
Ich weiß, du liebst mich nicht; denn deine Schwestern,
soviel ich mich erinnre, kränkten mich;
Du hattest Grund, sie nicht.
CORDELIA. Kein Grund! Kein Grund!
LEAR. Bin ich in Frankreich?
KENT. In Eurem eignen Königreich, Mylord!
LEAR. Betrügt mich nicht!
ARZT. Seid ruhig, hohe Frau!
Die große Wut ist, wie Ihr seht, geheilt;
Doch wär's gefährlich, die verlorne Zeit
Ihm zu erklären. Führt ihn jetzt hinein!
Und stört ihn nicht, bis er sich mehr erholt!
CORDELIA. Beliebt es Euch, hineinzugehn, mein König?
LEAR. O habt Geduld mit mir! Bitte, vergesst,
Vergebt, denn ich bin alt und kindisch.

Alle ab. Kent und der Edelmann bleiben.

EDELMANN. Bestätigt sich's, dass Herzog Cornwall so erschlagen
ward?
KENT. Ja, Herr!
EDELMANN. Wer ist der Führer seines Heers?

KENT. Man sagt, der Bastard Glosters.

EDELMANN. Sein verbannter Sohn Edgar, heißt's, lebt mit dem Grafen Kent in Deutschland.

KENT. Das Gerücht ist unverbürgt. 's ist Zeit, sich umzuschaun; das Heer des Reichs Rückt schleunig vor.

EDELMANN. Nun, die Entscheidung wird sehr blutig sein. Gehabt Euch wohl! *Ab.*

KENT. Und meine Schale senkt sich oder steigt,
Gut oder schlimm, wie jetzt der Sieg sich neigt. *Ab.*

Fünfter Aufzug
Erste Szene

Es treten auf mit Trommeln und Fahnen Edmund, Regan, Edelleute und Soldaten.

EDMUND. Den Herzog fragt: ob's bleibt beim letzten Wort,
Oder seitdem ihn was bewog, den Plan
Zu ändern: Denn er ist voll Widerspruch
Und schwankend: meld' uns seinen festen Willen!

Zu einem Edelmann, der abgeht.

REGAN. Der Schwester Boten traf gewiss ein Unfall.

EDMUND. Ich fürcht' es, gnäd'ge Frau!

REGAN. Nun, lieber Graf,
Ihr wisst, was ich Euch Gutes zugedacht –
Sagt mir – doch redlich, sagt die lautre Wahrheit –
Liebt Ihr nicht meine Schwester? –

EDMUND. Ganz in Ehren.

REGAN. Doch fandet Ihr nie meines Bruders Weg
Zu der verbotnen Stätte? –

EDMUND. Falscher Argwohn!

REGAN. Ich fürcht', Ihr seid mit ihr schon längst vereint
Aufs Innigste, soviel es möglich ist.

EDMUND. Nein, gnäd'ge Frau, auf Ehre!

REGAN. Sie ist mir unerträglich; teurer Lord,
Seid nicht vertraut mit ihr!

EDMUND. Das fürchtet nicht!
Sie und der Herzog, ihr Gemahl –

Albanien, Goneril und Soldaten treten auf.

GONERIL *beiseite.*
    Eh' dass mir diese Schwester ihn entfremdet,
    Möcht' ich die Schlacht verlieren.
ALBANIEN. Verehrte Schwester, seid uns sehr willkommen! –
    Man sagt, der König kam zu seiner Tochter
    Mit andern, so die Strenge unsrer Herrschaft
    Zur Klage zwang. Ich war noch niemals tapfer,
    Wo ich nicht ehrlich konnte sein: wir fechten,
    Weil Frankreich unser Land hier überzog,
    Nicht, weil's dem König hilft und jenen, welche,
    Aus trift'gem Grunde, fürcht' ich, mit ihm halten.
EDMUND. Ihr sprecht sehr tugendlich.
REGAN. Wozu dies Klügeln?
GONERIL. Dem Feind entgegen steht vereint zusammen!
    Für diesen häuslichen besondern Zwist
    Ist jetzt nicht Zeit.
ALBANIEN. So lasst uns denn den Ratschluss
    Mit Kriegserfahrnen fassen, was zu tun.
EDMUND. Gleich werd' ich bei Euch sein in Eurem Zelt.
REGAN. Ihr geht doch mit uns, Schwester?
GONERIL. Nein.
REGAN. Der Wohlstand fordert's, bitt' Euch, geht mit uns!
GONERIL *beiseite.* Oho, ich weiß das Rätsel. Ich will gehn.

Beide mit Militärs ab. Da sie gehen wollen, kommt Edgar verkleidet. Albany bleibt.

EDGAR. Sprach Euer Gnaden je so armen Mann,
    Gönnt mir ein Wort!
ALBANIEN. Ich will euch folgen; redet! –
EDGAR. Eh' Ihr die Schlacht beginnt, lest diesen Brief!
    Wird Euch der Sieg, lasst die Trompete laden
    Den, welcher ihn gebracht; so arm ich scheine,
    Kann ich 'nen Kämpfer stellen, zu bewähren,
    Was hier behauptet wird. Doch wenn Ihr fallt,
    Dann hat Eu'r Tun auf dieser Welt ein Ende,
    Und alle Ränke schweigen. Glück mit Euch!
ALBANIEN. Wart' noch, bis ich ihn las!
EDGAR. Das darf ich nicht.
    Wenn's an der Zeit, lasst nur den Herold rufen,
    Und ich erscheine wieder. *Ab.*
ALBANIEN. Nun, fahre wohl: Ich will den Brief mir ansehn.

Edgar ab. Edmund kommt zurück.

EDMUND. Der Feind ist nah: Zieht Eure Macht zusammen!
Hier ist die Schätzung seiner Stärk' und Macht
Nach der genausten Kundschaft; doch Eu'r Eilen
Tut dringend not.
ALBANIEN. So folgen wir der Zeit. *Ab.*
EDMUND. Den beiden Schwestern schwur ich meine Liebe,
Und beide hassen sich, wie der Gestochne
Die Natter. Welche soll ich nehmen? Beide?
Ein' oder keine? – Keiner werd' ich froh,
Wenn beide leben. Mir die Witwe nehmen,
Bringt Goneril von Sinnen, macht sie rasend,
Und schwerlich komm' ich je zu meinem Ziel,
Solang' ihr Gatte lebt. Gut, nutzen wir
Sein Ansehn in der Schlacht; ist die vorüber,
Mag sie, die gern ihn los wär', weiter sinnen,
Ihn schnell hinwegzuräumen. Die Begnad'gung,
Die er für Lear im Sinn hat und Cordelia –
Wenn wir gesiegt und sie in unsrer Macht,
Vereitl' ich solch Verzeih'n. Nicht müß'ger Rat
Ziemt meiner Stellung, nein, entschlossne Tat. *Ab.*

Zweite Szene

*Feldgeschrei hinter der Bühne. Es kommen mit Trommeln und Fahnen
Lear, Cordelia und Soldaten und ziehen über die Bühne. Edgar und Gloster treten auf.*

EDGAR. Den kühlen Schatten dieses Baumes nehmt
Als gute Herberg' an; fleht hier um Sieg des Rechts:
Wenn ich zu Euch je wiederkehre, Vater,
Bring' ich Euch Trost.
GLOSTER. Begleit' Euch Segen, Herr!

Edgar ab. Getümmel, Schlachtgeschrei von draußen. Edgar kommt zurück.

EDGAR. Fort, alter Mann, gebt mir die Hand, hinweg! –
Lear ist besiegt, gefangen samt der Tochter,
Gebt mir die Hand: nur fort! –
GLOSTER. Nicht weiter, Freund! Man kann auch hier verfaulen.

EDGAR. Was? Wieder Schwermut? Dulden muss der Mensch
  Sein Scheiden aus der Welt, wie seine Ankunft:
  Reif sein ist alles. Kommt!
GLOSTER. Wohl ist dies wahr.

Sie gehen ab.

Dritte Szene

Edmund tritt als Sieger auf, mit Trommeln und Fahnen. Lear und Corde-
lia als Gefangene. Offiziere, Soldaten und andere.

EDMUND. Hauptleute, führt sie weg! In strenge Haft,
  Bis deren höchster Wille wird verkündet,
  Die ihre Richter.
CORDELIA. Ich bin nicht die Erste,
  Die; Gutes wollend, dulden muss das Schwerste.
  Dein Unglück, Vater, beugt mir ganz den Mut,
  Sonst übertrotzt' ich wohl des Schicksals Wut.
  Sehn wir nicht diese Töchter? Diese Schwestern?
LEAR. Nein, nein, nein, nein! Komm fort! Zum Kerker, fort! –
  Da lass uns singen, wie Vögel in dem Käfig.
  Bitt'st du um meinen Segen, will ich knie'n
  Und dein Verzeihn erflehn; so woll'n wir leben,
  Beten und singen, Märchen uns erzählen,
  Und über goldne Schmetterlinge lachen.
  Wir hören armes Volk vom Hofe plaudern,
  Und schwatzen mit: wer da gewinnt, verliert;
  Wer in, wer aus der Gunst; und tun so tief
  Geheimnisvoll, als wären wir Propheten
  Der Gottheit: und so überdauern wir
  Im Kerker Ränk' und Spaltungen der Großen,
  Die ebben mit dem Mond und fluten.
EDMUND. Führt sie fort!
LEAR. Auf solche Opfer, o Cordelia, streun
  Die Götter selbst den Weihrauch. Hab' ich dich?
  Wer uns will trennen, muss mit Himmelsbränden
  Uns scheuchen, wie die Füchse. Weine nicht!
  Die Pest soll sie verzehren, Fleisch und Haut,
  Eh' sie uns weinen machen – nein, eh' sollen sie
  Verschmachten! Komm!

Lear und Cordelia werden von der Wache abgeführt.

EDMUND. Tritt näher, Hauptmann, horch!
  Nimm dieses Blatt,

Gibt ihm ein Schreiben.

  Folg' ihnen in den Kerker:
  Schon eine Stuf' erhöht' ich dich, und tust du,
  Wie dies verlangt, so bahnst du deinen Weg
  Zu hohen Ehren. Merke dir's, der Mensch
  Ist wie die Zeit: Zartfühlend sein geziemt
  Dem Schwerte nicht. Dein wichtiges Geschäft
  Erlaubt kein Fragen; sag, du willst es tun,
  Sonst such' dir andres Glück.
HAUPTMANN. Ich bin bereit.
EDMUND. So tu's, und sei beglückt, wenn du's vollbracht!
  Doch – hörst du – gleich!
  Wie ich dir's niederschrieb.
HAUPTMANN. Ich kann den Karrn nicht ziehn noch Hafer essen;
  Ist's menschenmöglich, will ich's tun. *Ab.*

Trompeten. Albanien, Goneril, Regan und Soldaten treten auf.

ALBANIEN. Herr, Ihr habt heut viel Tapferkeit bewiesen,
  Und hold war Euch das Glück. In Eurer Haft
  Sind, die uns feindlich heut entgegenstanden.
  Wir fordern sie von Euch und woll'n sie halten,
  Wie's ihr Verdienst und unsre Sicherheit
  Gleichmäßig heischen.
EDMUND. Herr, ich hielt für gut,
  Den alten, schwachen König in Gewahrsam
  Und sichre Hut bewacht hinwegzusenden.
  Sein Alter wirkt, sein Rang noch mehr, wie Zauber,
  Ihm der Gemeinen Herzen zu gewinnen
  Und die geworbnen Lanzen wider uns,
  Die Herrn, zu kehren. Mit ihm ward Cordelia
  Aus gleichem Grund entfernt; sie sind bereit,
  Auf morgen oder später zu erscheinen,
  Wo Ihr die Sitzung haltet. Jetzt bedeckt
  Uns Schweiß und Blut; der Freund verlor den Freund,
  Und in der Hitze flucht dem besten Kampf,
  Wer seine Schärfe fühlte. Doch die Frage
  Wegen des Königs und Cordeliens heischt
  Wohl eine bessre Stunde.

ALBANIEN. Herr, erlaubt,
  Ich acht' Euch nur als Diener dieses Kriegs,
  Als Bruder nicht.
REGAN. Das ist, wie's uns beliebt.
  Mich dünkt, Ihr solltet unsern Wunsch erst fragen,
  Eh' Ihr dies spracht. Er führte unser Heer,
  Vertrat uns selbst und unsre höchste Würde,
  Und kraft so hoher Vollmacht darf er aufstehn
  Und Euch als Bruder grüßen.
GONERIL. Nicht so hitzig:
  Sein eigner Wert hat höher ihn geadelt
  Als deine Übertragung.
REGAN. In mein Recht
  Durch mich gekleidet, weicht er nicht dem Besten.
GONERIL. Das höchstens nur, wenn er sich Euch vermählte.
REGAN. Aus Spöttern werden oft Propheten.
GONERIL. Holla!
  Das Aug', mit dem Ihr das gesehen, schielte.
REGAN. Lady, mir ist nicht wohl, sonst gäb' ich dir
  Aus vollem Herzen Antwort. General,
  Nimm hin mein Heer, Gefangne, Land und Erbteil,
  Schalt' über sie und mich; du hast nun alles;
  Bezeug's die Welt, dass ich dich hier erhebe
  Zu meinem Herrn und Eh'gemahl.
GONERIL. Wie, hoffst du, ihn zu besitzen?
ALBANIEN. Dein guter Wille wird es nicht verhindern.
EDMUND. Noch Eurer, Herr!
ALBANIEN. Halbbürt'ger Bursche, ja!
REGAN *zu Edmund*. Die Trommeln rührt! – Verficht mein Recht als
  deins!
ALBANIEN. Halt! Hört ein Wort! Edmund, um Hochverrat
  Verhaft' ich dich und diese goldne Schlange.

Auf Goneril deutend.

  Was Euern Anspruch anlangt, schöne Schwester,
  Ich muss ihn hindern namens meiner Frau.
  Die Dam' ist insgeheim dem Lord verlobt,
  Und ich, ihr Mann, vernicht' Eu'r Aufgebot.
  Sucht Ihr 'nen Gatten, schenkt Eu'r Lieben mir,
  Mein Weib ist schon versagt.
GONERIL. Ein Zwischenspiel!

ALBANIEN. Du bist in Waffen, Gloster – blast, Trompeten!
Kommt niemand, dich ins Angesicht zu zeihn
Verruchten, offenbaren Hochverrats,
Hier ist mein Pfand.

Wirft einen Handschuh zu Boden.

Aufs Haupt beweis' ich's dir,
Eh' Brot mein Mund berührt, du seist das alles,
Wofür ich dich erklärt.
REGAN. Krank! Ich bin krank!
GONERIL *beiseite.* Wenn nicht, so trau' ich keinem Gift.
EDMUND. Hier ist mein Gegenpfand!

Wirft einen Handschuh zu Boden.

Wer in der Welt
Mich Hochverräter nennt, lügt wie ein Schurke.
Trompeten, blast! Wer zu erscheinen wagt,
An ihm, an Euch, an jedem sonst behaupt' ich
Fest meine Ehr' und Treu'.
ALBANIEN. Ein Herold, ho!
EDMUND. Ein Herold, ho, ein Herold!
ALBANIEN. Vertrau' allein dem eignen Arm; dein Heer,
Wie ich's auf meinen Namen warb, entließ ich's
In meinem Namen.
REGAN. Diese Krankheit wächst! –
ALBANIEN. Ist ihr nicht wohl; geht, führt sie in mein Zelt!

Regan wird weggebracht. Ein Herold tritt auf.

Herold, tritt vor! Lass die Trompete blasen!
Und lies dies laut!
HAUPTMANN. Blast Trompeten!

Die Trompete wird geblasen.

HEROLD *liest.* »Wenn irgendein Mann von Stand oder Rang im Heer
wider Edmund, den angeblichen Grafen von Gloster, behaupten
will, er sei ein vielfacher Verräter, der erscheine beim dritten Trompetenstoß; er ist bereit, sich zu verteidigen.«
EDMUND. Blase!

Erste Trompete.

HEROLD. Noch einmal!

Zweite Trompete.

HEROLD. Noch einmal!

Dritte Trompete. Eine andre Trompete antwortet hinter der Bühne; darauf tritt Edgar bewaffnet beim dritten Trompetenstoß auf; ein Trompeter geht ihm voran.

ALBANIEN. Fragt, was er will, warum er hier erscheint
    Auf der Trompete Ladung?
HEROLD. Wer seid Ihr?
    Eu'r Nam', Eu'r Stand? Warum antwortet Ihr
    Auf diese Ladung?
EDGAR. Wisst, mein Nam' erlosch,
    Zernagt vom gift'gen Zahne des Verrats;
    Doch bin ich edel wie mein Widerpart,
    Dem ich Kampf biete.
ALBANIEN. Welchem Widerpart?
EDGAR. Wer stellt sich hier für Edmund Grafen Gloster? –
EDMUND. Er selbst, was willst du ihm?
EDGAR. So zieh' dein Schwert,
    Dass, wenn mein Wort ein edles Herz verletzt,
    Dein Arm dir Recht verschafft: hier ist das meine. –
    Denn also ist das Vorrecht meines Standes,
    Des Ritterschwures und Berufs: dich zeih' ich, –
    Trutz deiner Stärke, Jugend, Würd' und Hoheit,
    Trutz deinem Siegerschwert und neuem Glück,
    Wie Kraft und Mut dich ziert, – du seist Verräter,
    Falsch deinen Göttern, deinem Bruder, deinem Vater,
    Rebellisch diesem hoch erlauchten Fürsten,
    Und von dem höchsten Wirbel deines Haupts
    Zu deiner Sohle tiefstem Staub herab
    Ein krötengift'ger Bube. Sagst du »Nein!«, –
    Dies Schwert, mein Arm, mein bester Mut sind fertig,
    Was ich gezeugt, aufs Haupt dir zu beweisen:
    Du lügst!
EDMUND. Nach Vorsicht sollt' ich deinen Namen forschen;
    Doch weil dein Äußres also schmuck und krieg'risch
    Und Ritterschaft aus deiner Rede spricht, –
    Was ich mit Fug und Vorsicht wohl verweigert,
    Nach Recht des Zweikampfs, das will ich verachten.
    In deine Zähne schleudr' ich den Verrat,
    Werf' dir ins Herz zurück die Höllenlüge,
    Der (denn sie streifte nur und traf mich kaum)
    Mein Schwert sogleich die Stätte bahnen wird,
    Wo sie auf ewig ruhn soll. Blast, Trompeten! –

Getümmel. Sie fechten. Edmund fällt.

ALBANIEN. O rettet ihn!

GONERIL. Du fielst durch Hinterlist:
　Nach Recht des Zweikampfs warst du nicht verpflichtet
　Dem unbekannten Gegner; nicht besiegt, –
　Getäuscht, betrogen bist du.

ALBANIEN. Weib, schweig still,
　Sonst stopft dies Blatt den Mund Euch. Seht hierher!
　Du Schändlichste! Lies deine Untat hier:
　Zerreißt es nicht! Ich seh', Ihr kennt dies Blatt.

GONERIL. Und wenn auch, ist das Reich doch mein, nicht dein:
　Wer darf mich richten?

ALBANIEN. Scheusal! O!
　Kennst du dieses Blatt?

GONERIL. Frag' mich nicht, was ich kenne! *Ab.*

ALBANIEN. Geh, folg' ihr; sie ist außer sich; bewacht sie!

EDMUND. Wes du mich angeklagt, ich hab's getan,
　Und mehr, weit mehr; die Zeit enthüllt es bald, –
　Sie ist am Schluss und so auch ich. Doch wer bist du,
　Der so mir obgesiegt? Bist du ein Edler,
　Vergeb' ich dir.

EDGAR. Lass uns Erbarmung tauschen:
　Ich bin an Blut geringer nicht als du;
　Wenn mehr, so mehr auch hast du mich verletzt.
　Edgar heiß' ich, bin deines Vaters Sohn.
　Die Götter sind gerecht: aus unsern Lüsten
　Erschaffen sie das Werkzeug, uns zu geißeln.
　Der dunkle, sünd'ge Ort. wo er dich zeugte,
　Bracht' ihn um seine Augen.

EDMUND. Wahr, o wahr! –
　Ganz schlug das Rad den Kreis, ich unterliege.

ALBANIEN. Mir schien dein Gang schon königlichen Adel
　Zu kündigen; ich muss dich hier umarmen.
　Gram spalte mir das Herz, hasst' ich jemals
　Dich oder deinen Vater!

EDGAR. Würd'ger Fürst, das weiß ich.

ALBANIEN. Doch, wo waret Ihr verborgen?
　Wie kam Euch Kunde von des Vaters Elend?

EDGAR. Indem ich's pflegte. – Hört ein kurzes Wort;
　Und ist's erzählt, o bräche dann mein Herz! –
　Der blut'gen Achtserklärung zu entgehn,

Die mir so nah war – oh, wie süß das Leben!
Dass stündlich wir in Todesqualen sterben
Lieber als Tod mit eins! – verhüllt' ich mich
In eines Tollen Lumpen; nahm ein Ansehn,
Dass Hunde selbst mich scheuten; so entstellt,
Fand ich den Vater mit den blut'gen Ringen,
Beraubt der edlen Steine; ward sein Leiter,
Führt' ihn und bettelte für ihn und schützt' ihn
Vor Selbstmord. – Nie, o Gott! – gab ich mich kund,
Bis ich vor einer halben Stund' in Waffen,
Nicht sicher, doch voll Hoffnung dieses Siegs,
Um seinen Segen fleht', und von Beginn
Zum Ende meine Pilgerschaft erzählte;
Doch sein zerspaltnes Herz – ach, schon zu schwach,
Den Kampf noch auszuhalten zwischen Schmerz
Und Freud'! – im Übermaß der Leidenschaft
Brach lächelnd.
EDMUND. Deine Red' hat mich gerührt
Und wirkt wohl Gutes; aber sprich nur weiter –
Es scheint, als hätt'st du mehr zu sagen noch.
ALBANIEN. Ist es noch mehr, mehr leidvoll noch, so schweig',
Denn ich bin nah daran, mich aufzulösen,
Dies hörend.
EDGAR. Dies erschien als Höchstes wohl
Dem, der den Gram nicht liebt; jedoch ein andres,
Noch steigernd, was zu viel schon, überragt
Das Alleräußerste.
Als ich laut schrie vor Schmerz, da kam ein Mann,
Der mich gesehn in meinem tiefsten Elend,
Und meine schreckliche Gesellschaft floh:
Nun aber, da er hörte, wer es sei,
Der dies ertrug, schlug er die starken Arme
Mir um den Hals, und heulte laut
Zum Himmel auf, als wollt' er ihn zersprengen;
Warf sich auf meinen Vater hin, erzählte
Von sich und Lear die kläglichste Geschichte,
Die je ein Ohr vernahm; im Sprechen ward
Sein Schmerz so übermenschlich, dass die Stränge
Des Lebens rissen: – da zum zweiten Male
Klang die Trompet', ich ließ ihn halb entseelt.
ALBANIEN. Doch wer war dieser?

EDGAR. Kent, der verbannte Kent, der in Verkleidung
Nachfolgte dem ihm feindgesinnten König
Und Dienste tat, die keinem Sklaven ziemten.

Ein Edelmann kommt mit einem blutigen Messer.

EDELMANN. Helft, helft, o helft!
EDGAR. Wem helfen?
ALBANIEN. Sagt uns an! –
EDGAR. Was meint der blut'ge Dolch?
EDELMANN. Er raucht, ist heiß;
Er kommt frisch aus dem Herzen – oh, sie ist tot! –
ALBANIEN. Wer tot? Sprich, Mann!
EDELMANN. Herr, Eure Gattin; ihre Schwester ist
Von ihr vergiftet: sie bekannt' es selbst.
EDMUND. Ich war verlobt mit beiden: alle drei
Vermählt jetzt ein Moment.
EDGAR. Hier kommt auch Kent.

Kent tritt auf.

ALBANIEN. Bringt sie hierher uns, lebend oder tot!

Gentleman ab.

Dies Strafgericht des Himmels macht uns zittern,
Rührt unser Mitleid nicht.
Oh, ist er das? – Die Zeit verstattet nicht
Empfang, wie ihn die Sitte heischt.
KENT. Ich kam,
Um gute Nacht auf immer meinem König
Und Herrn zu sagen. Ist er nicht hier? –
ALBANIEN. So Großes ward vergessen! –
Sprich, Edmund, wo ist Lear? Wo ist Cordelia?

Gonerils und Regans Leichen werden hereingetragen.

Siehst du den Vorgang, Kent?
KENT. Ach, warum so?
EDMUND. Edmund ward doch geliebt!
Die eine gab um mich der andern Gift,
Und dann sich selbst den Tod.
ALBANIEN. So ist's. – Verhüll' ihr Antlitz!
EDMUND. Nach Leben ring' ich. Gutes möcht' ich tun,
Trotz meiner eignen Art. Schickt ungesäumt –
O eilt Euch! – auf das Schloss: denn mein Befehl

Geht auf des Königs und Cordeliens Leben.
Ich sag' euch, zögert nicht!

ALBANIEN. Lauft, lauft, o lauft!

EDGAR. Zu wem, Mylord? Wer hat den Auftrag? Schickt
Ein Pfand des Widerrufs!

EDMUND. Sehr wohl bedacht; hier nimm mein Schwert,
Und gib's dem Hauptmann!

ALBANIEN. Eil' dich, um dein Leben!

Ein Offizier geht ab.

EDMUND. Er hat Befehl von deinem Weib und mir,
Cordelien im Gefängnis aufzuhängen,
Und der Verzweiflung dann die Schuld zu geben,
Dass sie sich selbst entleibt.

ALBANIEN. Die Götter schützen sie! Tragt sie hinweg!

*Edmund wird weggetragen. Lear kommt, seine Tochter Cordelia tot in den
Armen tragend.*

LEAR. Heult, heult, heult, heult! O ihr seid all' von Stein!
Hätt' ich eu'r Aug' und Zunge nur, mein Jammer
Sprengte des Himmels Wölbung! – Hin auf immer!
Ich weiß, wenn einer tot und wenn er lebt:
Tot wie die Erde! Gebt 'nen Spiegel her;
Und wenn ihr Hauch die Fläche trübt und streift,
Dann lebt sie.

KENT. Ist dies das verheißne Ende?

EDGAR. Sind's Bilder jenes Grau'ns?

ALBANIEN. Brich, Welt, vergeh! –

LEAR. Die Feder regte sich, sie lebt! Oh, lebt sie,
So ist's ein Glück, das allen Kummer tilgt,
Den ich jemals gefühlt.

KENT *kniend*. O teurer Herr! –

LEAR. Fort, sag' ich dir!

EDGAR. 's ist Kent, Eu'r edler Freund.

LEAR. Fluch über euch, Verräter, Mörder, all'! –
Ich konnt' sie retten; nun dahin auf immer!
Cordelia, Cordelia! Wart' ein wenig, ha!
Was sprachst du? – Ihre Stimme war stets sanft,
Zärtlich und mild; ein köstlich Ding an Frau'n. –
Ich schlug den Sklaven tot, der dich gehängt.

KENT. 's ist wahr, Mylord, er tat's.

LEAR. Tat ich's nicht, Bursch?
  Einst war die Zeit, wo sie mein gutes Schwert
  Wohl hätte springen machen. Nun bin ich alt,
  Und all dies Leid bringt mich herab. – Wer bist du?
  Mein Aug' ist nicht das beste; ich weiß es gleich. –
KENT. Rühmt sich Fortuna zweier, die sie liebte
  Und hasste, – einen sehn wir hier.
LEAR. O wunderbarer Anblick! – Bist du nicht Kent?
KENT. Ich bin dein Diener Kent; doch wo ist Cajus? –
LEAR. Das ist ein wackrer, treuer Bursch, das glaubt mir;
  Der schlägt und säumt nicht. – Er ist tot und fault.
KENT. Nein, teurer Fürst; ich selber bin der Mann.
LEAR. Das will ich sehn! –
KENT. Der gleich seit Eurem Abweg und Verfall
  Folgt' Eurer finstern Bahn.
LEAR. Willkommen hier!
KENT. Nein, keiner wohl! – trüb alles, tot und trostlos! –
  Eure ältern Töchter legten Hand an sich
  Und starben in Verzweiflung.
LEAR. Ja, das denk' ich.
ALBANIEN. Er weiß nicht, was er sagt; es ist vergeblich,
  Dass wir uns ihm verständ'gen.
EDGAR. Ganz umsonst.

Ein Bote kommt.

BOTE. Edmund ist tot, Mylord!
ALBANIEN. Das ist hier Nebensache.
  Ihr Freund' und edeln Lords, hört unsern Willen:
  Was Trost verleihn kann so gewalt'gen Trümmern,
  Das sei versucht: Wir selbst entsagen hier
  Zugunsten dieser greisen Majestät
  Der Herrschermacht.

Zu Edgar und Kent.

  Ihr tretet in Eu'r Recht
  Mit Ehr' und Zuwachs, wie es Eure Treu'
  Mehr als verdient hat. Alle Freunde sollen
  Den Lohn der Tugend kosten, alle Feinde
  Den Kelch der Missetat. O seht, o seht! –
LEAR. Und tot mein armes Närrchen? – Nein! Kein Leben!
  Ein Hund, ein Pferd, 'ne Maus soll Leben haben,
  Und du nicht einen Hauch? – Oh, du kehrst nimmer wieder,

101

Niemals, niemals, niemals, niemals, niemals! –
Ich bitt' Euch, knöpft hier auf! – Ich dank' Euch, Herr!
Seht Ihr dies? Seht sie an! – Seht ihre Lippen,
Seht hier, – seht hier! –

Er stirbt.

EDGAR. Er schwindelt, – o mein König! –
KENT. Brich, Herz, ich bitt' dich, brich!
EDGAR. Blick' auf, mein König!
KENT. Quält seinen Geist nicht! Lasst ihn ziehn! Der hasst ihn,
Der auf die Folter dieser zähen Welt
Ihn länger spannen will.
EDGAR. Oh, wirklich tot! –
KENT. Das Wunder ist, dass er's ertrug so lang':
Sein Leben war nur angemaßt.
ALBANIEN. Tragt sie hinweg! Was uns zunächst erfüllt,
Ist allgemeine Trauer.

Zu Kent und Edgar.

Herrscht ihr beiden,
Geliebten Freunde; heilt des Staates Leiden!
KENT. Ich muss zur Reise bald gerüstet sein;
Mein Meister ruft, ich darf nicht sagen: Nein!
ALBANIEN. Lasst uns, der trüben Zeit gehorchend, klagen,
Nicht, was sich ziemt, nur, was wir fühlen, sagen.
Dem ältsten war das schwerste Los gegeben,
Wir jüngern werden nie so viel erleben.

Sie gehen mit einem Totenmarsch ab.